Für Sigrun Berger
(1934-2021)

Vorwort

Wie es begann und was es wurde

Es beginnt in einem turbulenten Jahr: 1982. Großbritannien und Argentinien liegen im Krieg um die Falklandinseln, in Deutschland stürzt der sozialdemokratische Regierungschef Helmut Schmidt über ein Misstrauensvotum, auf den Straßen kommt es zu den bislang größten Friedensdemonstrationen seit Kriegsende. 500.000 Menschen protestieren in Bonn gegen die Aufstellung neuer Atomsprengköpfe, in Wien fordern 70.000 die atomare Abrüstung. Die neuen sozialen Bewegungen verbinden sich, Frauen organisieren Sitzblockaden, sie fordern Abrüstung „im Privaten" und im „Öffentlichen" – und neben dem „Recht auf Frieden" das Recht auf Selbstbestimmung, auch für die Frauen der südlichen Erdhalbkugel.

In dieser hochpolitisierten Stimmung treffen Andrea Ernst und Gerda Neyer auf weitere Aktivistinnen, darunter Sigrun Berger, Lizzi Feiler, Eva Kreisky, Roser Mauler, Mechthild Petritsch und Lore Ringel. Sie fordern, die internationalen Beziehungen Österreichs und die „Entwicklungshilfe" des Landes auf den feministischen Prüfstand zu stellen. Wissenschaftlerinnen schließen sich nun erstmals mit ehemaligen Entwicklungsarbeiterinnen – sogenannten „mitreisenden Ehefrauen" – zusammen und wenden sich gegen die Frauenfeindlichkeit in der Entwicklungshilfe: Warum gehen Hilfsgelder aus dem Norden fast ausschließlich an Männer im Süden? Wer entscheidet über die Verteilung der Militär- und Wirtschaftsgüter – und wer profitiert davon? Warum werden die Frauen der südlichen Hemisphäre in ihrem Ringen um Einkommen und Selbstbestimmung nicht gehört?

Die noch lose Gruppe beschließt, sich eine formale Struktur zu geben, und gründet Anfang 1982 die Frauen*solidarität. So entsteht die erste Organisation und Zeitschrift in Österreich, die internationale Ungleichheit aus Frauenperspektive analysiert – und Frauen aus Asien, Afrika und Lateinamerika kontinuierlich Wort und Stimme gibt. Das erste Projekt, das nach intensiven Bemühungen mit offiziellen Geldern aus der österreichischen Entwicklungshilfe für einige Jahre unterstützt wird, ist *Concientización* – ein Selbsthilfezentrum von und für Blumenarbeiterinnen in Kolumbien. Damit beginnt eine 40-jährige Erfolgsgeschichte.

Grund genug für die Mitbegründerinnen Andrea Ernst und Gerda Neyer zusammen mit Ulrike Lunacek, der langjährigen Obfrau, und den beiden Mitarbeiterinnen Rosa Zechner und Andreea Zelinka ein neues Projekt zum 40-jährigen Geburtstag der Frauen*solidarität umzusetzen: Ein Buch soll entstehen – mit historischen Rückblicken in verschiedene Phasen der Organisation, vor allem aber mit aktuellen feministischen Debatten rund um den Globus: Wie analysieren Aktivistinnen von heute die Themen von damals? Was bedeutet transnationale Arbeit in den 2000er Jahren für Migrantinnen? Wie bestimmen Digitalisierung und Globalisierung das Leben? Wie haben neue Technologien der künstlichen Befruchtung die reproduktive Selbstbestimmung verändert? Welche Strategien haben Kämpferinnen gegen Umweltzerstörung und Klimawandel entwickelt? Und wie umgehen mit der immer noch und immer wieder alle Lebensbereiche durchsetzenden sexistischen Gewalt?

Es ist ein Buch vielfältiger Frauen*stimmen aus fast allen Teilen der Welt geworden, ohne Anspruch auf Vollständigkeit und ohne Glättung des Sperrigen. Bewusst haben sich die Herausgeberinnen dazu entschieden, auch Texte aufzunehmen, die nicht ihrer Meinung entsprechen, und den unterschiedlichsten Textarten Platz gelassen. Der Bogen der Beiträge reicht von Lyrik bis Reportage, von Wissenschaft bis Streitschrift, von Interview bis Essay, von Prosa bis Erfahrungsbericht.

(Fast) alles war erlaubt, nur die Schreibweisen wurden festgelegt. So steht LGBTIQ+ für lesbisch, schwul, bisexuell, trans, inter, queer und das „+" für weitere sexuelle und geschlechtliche Identitäten. Mit der Kursivsetzung des Begriffs *weiß* werden die kulturellen, politischen und sozialen Privilegien einer Gesellschaftsgruppe hervorgehoben; Schwarz wird hier hingegen großgeschrieben, um auf die identitätsstiftende Selbstbezeichnung im Kampf gegen rassistische Unterdrückung hinzuweisen. PoC steht für People of Color und beschreibt jene, die durch die Zuschreibung der *weißen* Mehrheitsgesellschaft als nichtzugehörig definiert werden, BIPoC steht für Black, Indigenous and People of Color. Im Jahr 2012 kam es zu einer Änderung der Schreibweise von Frauensolidarität in Frauen*solidarität. In der vorliegenden Publikation wird durchgehend die neue Schreibweise verwendet.

Die Geschichte in der Geschichte

In der Geschichte der Frauen*solidarität spiegelt sich Zeitgeschichte. Mit einfachsten Mitteln wurde in den Anfangsjahren noch in Privaträumen ehrenamtlich und einkommensfrei gearbeitet, ab Ende 1984 konnte erstmals eine Mitarbeiterin aus Mitteln der Arbeitsmarktförderung bezahlt werden, erst 1986 gab es das erste Büro, finanziert mit 1 % Selbstbesteuerung und immer in Kooperation mit anderen internationalen Organisationen und NGOs.

Das Ziel, Projekte von und für Frauen in der südlichen Hemisphäre mit öffentlichen Geldern zu unterstützen, änderte sich unter politischem Druck. Es zeigte sich, dass neben dem Widerstand, der gegenüber konservativen Kräften überwunden werden musste, die sehr aufwändige Projektabwicklung für ein neues Frauenprojekt in der Region Río San Juan in Nicaragua nur in Kooperation mit einem größeren Träger, nämlich der Volkshilfe, zu bewältigen war. In dieser Zeit machte sich die in der Frauen*solidarität entstandene Initiative „Türkinnen in Ottakring" selbstständig und wurde zur erfolgreichen Organisation „Miteinander Lernen". Der Schwerpunkt der Arbeit verlagerte sich bald auf entwicklungspolitische Informations- und Kampagnenarbeit. Dazu zählte unter anderem die Broschüre „Landwirtinnen in der Dritten Welt" und der 1992 veröffentlichte Bericht „Frauenhandel und Prostitutionstourismus: Hintergründe zur sexuellen und rassistischen Ausbeutung von Frauen in Österreich". 1996 wurde das Ende der Kugelkopfmaschine eingeläutet, und damit auch das Ende des Zeitschriftenlayouts auf dem Papier, nach dem Prinzip „ausschneiden – einkleben – kopieren": Der erste Computer bezog die damaligen Büroräume im dritten Wiener Gemeindebezirk.

Über die Jahrzehnte wandelte sich das Bewusstsein. Der Begriff „Dritte Welt" wurde als diskriminierend und irreführend dechiffriert und verschwand aus dem Untertitel der Zeitschrift ebenso wie aus dem öffentlichen Diskurs. Ähnlich erging es dem Begriff Entwicklungshilfe, der zu Entwicklungszusammenarbeit wurde.

Mit der Jahrtausendwende steht die Frauen*solidarität weitgehend stabil auf drei Beinen: Durch den konsequenten und professionellen Ausbau der Bibliothek ab 1994 entsteht ein einmaliger Bücherfundus zur Entwicklungspolitik und -kritik aus feministischer Sicht. Neben wissenschaftlicher und grauer Literatur, Romanen und Sachbüchern wird v. a. die Zeitschriftensammlung mit einmaligen Beständen aus Afrika, Asien und Lateinamerika zum Markenzeichen. Workshops und Bibliotheksrundgänge vermitteln Recherche- und Informationskompetenz an Schüler:innen und Studierende. Die Bibliothek wird seit 2009 gemeinsam mit ÖFSE (Österreichische Forschungsstiftung für Internationale Entwicklung) und baobab als C3-Bibliothek für Entwicklungspolitik betrieben und ist die größte wissenschaftliche Fachbibliothek zu

Internationaler Entwicklung, Frauen/Gender und Globalem Lernen in Österreich.

Als zweites Standbein werden Veranstaltungen, Workshops, politische Kampagnen und Kooperationen stetig ausgebaut. Im Fokus stehen über viele Jahre hinweg Arbeitsrechte von Frauen: beginnend mit dem Projekt für Blumenarbeiterinnen in Kolumbien und der österreichischen Blumenkampagne über die Gründung der österreichischen Clean Clothes Kampagne bis hin zur Durchführung EU-geförderter Projekte. Seit 2005 produziert das Redaktionsteam „Women on Air" – in Kooperation mit dem freien Radio ORANGE 94.0 – die wöchentlichen Hörfunksendungen „Globale Dialoge". Mehrfach werden die Sendungen ausgezeichnet, das Radioredaktionsteam lädt immer wieder Vertreterinnen aus dem Süden vor das Mikrofon. In der Folge baut die Frauen*solidarität auch ihre Medienexpertise weiter aus und bietet mittlerweile regelmäßig Medienworkshops an.

Immer wieder finden spektakuläre Besuche und Vorträge – meist in Kooperation mit anderen Organisationen – statt, u. a. 1988 mit Victoria Tauli-Corpuz, einer philippinischen Aktivistin gegen Abholzungen und Staudammprojekte in indigenen Gebieten schon unter Diktator Marcos, die bis heute, z. B. von 2014 bis 2020 als UN-Sonderberichterstatterin, für die Rechte indigener Völker eintritt; 1990 mit Rigoberta Menchú, der guatemaltekischen Menschenrechtsaktivistin, die 1992 mit dem Friedensnobelpreis ausgezeichnet wird; 1997 mit der vielfach gewürdigten, 2017 verstorbenen nigerianisch-britischen Schriftstellerin Buchi Emecheta; 2013 mit der ebenso vielfach ausgezeichneten nicaraguanischen Schriftstellerin Gioconda Belli; 2015 mit der indischen Physikerin, Frauen*rechts- und Umweltaktivistin Vandana Shiva, die 1993 den Alternativen Nobelpreis erhält; und 2019 mit Chandra Talpade Mohanty, einer der bedeutendsten postkolonialen feministischen Theoretikerinnen.

Neben der regelmäßigen Produktion von Bildungsmaterialien und der Vermittlung von Medienkompetenz bleibt die Zeitschrift frauen*solidarität unverzichtbar für die Öffentlichkeitsarbeit und bildet das dritte Standbein der Organisation. Seit 40 Jahren erscheint sie kontinuierlich und nunmehr auch digital. Sie ist die einzige Publikation im deutschsprachigen Raum, die über vier Jahrzehnte hinweg den Frauen*stimmen des Globalen Südens Platz und Gehör verschafft.

So wollen wir, die Herausgeberinnen, danken: allen voran den vielen Mitarbeiter:innen und Ehrenamtlichen der Frauen*solidarität, die durch ihre jahrzehntelange Arbeit wesentlich zum Erfolg der Organisation und zum Hintergrund dieses Buches beigetragen haben, und besonders Brigitte Fuchs, die uns in den Monaten der Arbeit am Buch mit vielen administrativen und inhaltlichen Tätigkeiten unterstützt hat; Gabriele Gallo, Johanna Malloth sowie dem Trio Katharina Berger, Maritta Freudlsperger und Marietta Sauerzapf, den Übersetzerinnen der englisch- und spanischsprachigen Texte; den Vorstandsfrauen, die mit ehrenamtlichem Engagement durch wirtschaftliche und politische Krisen steuern, und den vielen Unterstützer:innen, ohne die es keine Frauen*solidaritat gäbe. Vor allem aber geht unser Dank an die Autor:innen dieses Buches – sie bilden das Herz dieses Projekts – sowie an Stefanie Jaksch, die Verlagsleiterin von Kremayr & Scheriau, die bereit war, unsere Idee umzusetzen, gemeinsam mit unserer Lektorin Evelyn Bubich, die mit viel Geduld für die Korrekturen sorgte.

Andrea Ernst, Ulrike Lunacek, Gerda Neyer,
Rosa Zechner, Andreea Zelinka

1.

(Anti-)Rassismus und Postkolonialismus

Sehen und spüren *Weiße* das eigene Privileg, wenn sie miterleben, wie People of Color herabwürdigend behandelt werden? Reagieren sie auf den rassistischen Blick, gerichtet auf die Kopftuchträgerin, auf das verächtliche Zur-Seite-Rücken in der U-Bahn, auf respektlose Kommentare, auf die Festschreibung in geringen Löhnen, auf das Wohnen in schlechteren Stadtvierteln oder auf das Abdrängen in die Illegalität?

Das folgende Kapitel analysiert die Doppelbotschaften, in denen u. a. türkisch, asiatisch, afrikanisch und arabisch gelesene Frauen gefangen sind. Einerseits durch die irritierende Erfahrung, von der Mehrheitsgesellschaft abgewiesen zu werden und andererseits durch die stete Aufforderung, sich zu integrieren. Wer Rassismus erlebt, steht in einem täglichen Kampf darum, Arbeit, Bildung, Kultur und Politik gesellschaftlich gleichberechtigt zu gestalten.

Ein Hürdenlauf für People of Color, in dem Kreativität und wertvolle Kraft zur Lösung von Problemen verloren gehen. Oder wie es die Autorin Nadia Shehadeh ausdrückt: „Dass man sich diese rassistische Dekadenz noch leistet – in Zeiten, in denen Pandemie, Klimawandel und Kriege zeigen, wie fragil unsere gesellschaftliche Stabilität tatsächlich ist –, ist nicht nur befremdlich, sondern geradezu grotesk."

Abschied vom *weißen* Privileg

Charlotte Wiedemann

Wir stehen heute am Beginn einer neuen Zeit. Jene Kräfte, die in den vergangenen 500 Jahren die Ordnung der Welt bestimmt haben, also Europa und das *weiße* Nordamerika, verlieren allseitig an Einfluss. Die Gründe sind ganz unterschiedlicher Natur: der Aufstieg Chinas, die Infragestellung der energieintensiven Lebensweise durch die Klimakrise, die Zunahme weltweiter Forderungen nach Dekolonisierung und das Scheitern der geopolitischen Großprojekte des Westens wie der sogenannten Kriege gegen den Terror. Dies alles bewirkt eine allmähliche Vertreibung aus der *weißen* Dominanz; sie prägt die kommende Epoche.

Die *White Supremacists* aller Länder reagieren auf diesen Umbruch mit einer aggressiven und wahnhaften Verteidigung von Vorherrschaft.

Ich plädiere hingegen für ein bewusstes und aktives Abschiednehmen von Macht und Privilegien. Das bedeutet: Menschen wie ich entscheiden sich für ein verändertes *Weißsein* und akzeptieren ihren Statusverlust. Das mag utopisch klingen – aber was ist die Alternative? An einem Status festzuhalten, der objektiv nicht haltbar ist, kann nur zu Bürgerkrieg führen oder zu massenhaften Psychosen. Einem solchen *weißen* Faschismus vorzubeugen, ist vor allem die Aufgabe derer, die eine historisch privilegierte Hautfarbe haben. Und wir müssen, auch wenn es schmerzlich und unbequem ist, heute vom *Weißsein* sprechen, um es irgendwann überwinden zu können.

Wenn es um Rassismus, Kolonialismus und Privilegien geht, ist die Rolle *weißer* Frauen* komplex und von ihnen selbst oft schwer zu durchschauen.

Die Schriftstellerin Doris Lessing beschreibt in ihrem Erstlingsroman „Afrikanische Tragödie", angesiedelt im spätkolonialen

Rhodesien, wie im Milieu armer *weißer* Siedler:innen eine Farmersfrau darüber wahnsinnig wird, ihren Schwarzen Bediensteten begehrenswert zu finden. Es gelingt ihr nicht mehr, jene Distanz zu wahren, die bei den Kolonisten eine essentielle Aufgabe der Frau ist. Sie darf den „Hausboy" keinesfalls als Menschen behandeln, sonst bricht ein Damm, der für die koloniale Hierarchie überlebenswichtig ist: Noch die Ärmsten und Schwächsten unter den Weißen müssen unangefochten über den Schwarzen stehen. Doris Lessing war kaum 30, als sie 1950 hellsichtig das Geflecht von *race, class* und *gender* beschrieb. Sie kannte das Leben armer *weißer* Siedler:innen aus eigener Anschauung; ihre Eltern hatten sich wie zahlreiche britische Arbeitslose Richtung Kolonie eingeschifft. Und gerade weil der soziale Abstand zwischen *weißer* und Schwarzer Armut bei Licht betrachtet gar nicht so groß war, musste er ideologisch und psychologisch umso gewaltiger sein.

Obwohl Opfer des Patriarchats, können *weiße* Frauen im kolonialen Verhältnis zugleich Täterinnen sein. In gängigen Darstellungen von Frauenrechtskämpfen werden Privilegien, die sie aus ihrem *Weißsein* bezogen haben, oft übersehen. Frauen, die im sogenannten Mutterland kein Wahlrecht hatten, durften in der Kolonie Plantagen und versklavte Menschen besitzen. Die Französin Françoise Vergès, Verfechterin eines dekolonialen Feminismus, berichtet von einer bedeutenden Sklavenhändlerin auf der Insel La Réunion. Sie hatte nicht das Recht, das Abitur abzulegen, aber sie konnte Menschen wie Möbelstücke vererben. „Solange die Geschichte der Frauenrechte geschrieben wird, ohne dieses Privileg in Betracht zu ziehen, bleibt sie eine Lügengeschichte", resümiert Vergès, die selbst auf Réunion aufwuchs. Die französischen Feministinnen des 19. Jahrhunderts hätten, von wenigen Ausnahmen abgesehen, den Kolonialismus unterstützt.

Im 20. Jahrhundert positionierte sich zumindest Simone de Beauvoir anders und stellte sich solidarisch auf die Seite des algerischen Befreiungskampfes. Dennoch blieb auch sie im Großen und Ganzen einem Feminismus verpflichtet, der die Privilegien aus *weißer* Vormachtstellung nur gerechter zwischen den Geschlechtern verteilt sehen möchte.

Die konzeptionelle Wende zu einer neuen Selbstbetrachtung kam in den 1980er Jahren durch die US-Amerikanerin Peggy McIntosh, die an einem Women's College in Virginia lehrte. Zuvor hatten in den Vereinigten Staaten Schwarze Frauen *weißen* Feministinnen unterdrückerisches Verhalten vorgeworfen; die Bewegung orientiere sich nur an den Bedürfnissen *weißer* Mittelstandsfrauen, sei rassistisch und elitistisch. Als Peggy McIntosh untersuchte, warum sich die derart Kritisierten selbst ganz anders sahen, kam sie zu folgendem Schluss: „Weiße werden sorgsam dazu erzogen, *weiße* Privilegien nicht zu erkennen, so wie Männer dazu erzogen werden, männliche Privilegien nicht zu erkennen." Beides diene dazu, einen Mythos der Meritokratie zu verteidigen, der tief in der US-Kultur verankert sei. McIntosh machte eine Liste, welche Vorteile sie in ihrem Leben besaß, verglichen mit ihren afroamerikanischen Kolleginnen im selben College-Gebäude, und sie kam auf 46 Punkte. Einer war: „Ich kann mit vollem Mund reden, ohne dass dies jemand auf meine Hautfarbe zurückführt."

Über Privilegien zu sprechen, hat sich mittlerweile auch in Europa verbreitet, doch werden dabei zu viele Anleihen aus US-Diskursen übernommen und zu wenige Impulse aus dem Globalen Süden aufgegriffen. Die Kritik am *weißen* Feminismus muss mehr sein als eine nur anders eingefärbte westliche Erzählung. Sie muss der Aufbruch in eine Welt sein, wo Gleichberechtigung auch die Werte und das Wissen jenseits der alten Metropolen umfasst.

Vom Matriarchat zum Patriarchat
Erbe des Kolonialismus in Afrika

Aissa Halidou

Das Wissen über das vorkoloniale Zusammenleben afrikanischer Kulturen, Frauen und Männer, Junger und Alter wächst kontinuierlich. Dabei werden vor allem die Zeit vor der Christianisierung und Islamisierung und das Verhältnis der Geschlechter zueinander neu betrachtet. Hier wird das nubische Königreich hervorgehoben, mit dem zumindest gleichberechtigten, oft auch privilegierten Status der Frauen gegenüber Männern. Nubierinnen bewegten sich im gesamten Königreich weitgehend frei und ohne Schleier oder Verhüllung. Damit standen sie im Gegensatz zu den griechischen, römischen oder asiatischen Frauen ihrer Epoche, was historisch in zahlreichen Forschungen über das alte Ägypten – das Schwarze Ägypten – belegt ist.[1] Das betrifft den heutigen Sudan, Ägypten, Somalia und Äthiopien.

Es gibt zahlreiche Hinweise darauf, dass matrilineare, also von der mütterlichen Linie hergeleitete Strukturen, oder auch matriarchale, durch die mütterliche Linie herrschende Strukturen, die vorchristliche Zeit in Afrika geprägt haben. Ein Beispiel hierfür ist die Epoche der nubischen Königin Amanischacheto, die auch Amanishakheto oder Amanikasheto genannt wurde.[2] Sie selbst war Tochter der Königin Amanirenas, und sie vererbte ihren Thron auch wieder an die eigene Tochter, Amanitore.

Wie die nubischen[3] waren alle präkolonialen, afrikanischen Königinnen mächtige Entscheidungsträgerinnen oder auch Kriegerinnen, die teilweise Armeen von Tausenden Männern und Frauen anführten. So hatte die Armee von Amanishakheto erfolgreich gegen die des Römers Augustus (Octavius) gekämpft. In matrilinearen Gesellschaften erbten nicht nur Frauen den Thron, sondern auch Neffen des Onkels mütterlicherseits. Bis heute hat bei einigen Völkern wie den Songhai, die vom früheren Songhaireich stammen, der Onkel mütterlicherseits mehr Bedeutung als der biologische Vater.

Jedoch waren nicht alle Regionen Afrikas Monarchien unterworfen. Oft hatten sich „Gemeinschaftsregierungen" etabliert, die regional oder in einzelnen Dörfern die Aufgaben des Zusammenlebens festlegten und zuwiesen. An oberster Stelle stand die Verantwortung füreinander, gefolgt von den zugewiesenen Rechten und Pflichten, um das soziale Leben der Gemeinschaft zu schützen. Diese Verpflichtungen unterschieden sich prinzipiell von der patriarchalen Rollenzuteilung, die in Europa bis vor 70 Jahren die Rechte einseitig für den Mann und die Pflichten einseitig für die Frau vorsah.

Der Historiker Walter Rodney beschreibt in seinem wegweisenden Buch „How Europe Underdeveloped Africa" das präkoloniale gesellschaftliche Leben der Afrikaner:innen so:

„Der [die] Einzelne hatte in jeder Lebensphase eine Reihe von Pflichten und Obliegenheiten gegenüber anderen in der Gesellschaft sowie eine Reihe von Rechten: nämlich das, was er [oder sie] von anderen erwarten oder verlangen konnte. Das Alter war ein wichtiger Faktor, der den Umfang der Rechte und Pflichten bestimmte. Die ältesten Mitglieder der Gesellschaft genossen hohes Ansehen und übten in der Regel Autorität aus."[4]

Das Trauma der Frauen

Die Brutalität des Kolonialismus – mit seiner Gewalt, Ausbeutung, Folter, mit Vergewaltigungen und dem Verlust der gemeinschaftlichen Selbstbestimmung – hat tiefe Spuren hinterlassen. Hinzu kommt die psychische Akkulturation, der Zwang zur Übernahme und Anpassung an das Patriachat christlicher bzw. muslimischer Prägung – das bedeutete gleichzeitig, dass auch die kulturellen Einflüsse der arabischen oder westlichen Welt übernommen werden mussten. Beispielhaft für die Christianisierung der Afrikanerinnen steht das damit verbundene Prinzip der „Häuslichkeit". Es wurde begleitet von der Forderung nach Fleiß und weiblicher Sittsamkeit und beschränkte den Bewegungsraum der Frauen auf das Haus, die Kinder, auf die Haus- und Handarbeit. Eigenes Einkommen, z. B. durch den Verkauf von Feld-Überschüssen auf dem Markt, konnte mit dem Zwang zur „Häuslichkeit" nun effektiv reglementiert werden. Der Kolonialismus brachte so Lebensweisen mit sich, in denen sich Frauen eher verachtet und abgewertet erlebten, während man gleichzeitig den Afrikaner:innen jedes eigene ethische Wertesystem, ja sogar die generelle Fähigkeit zu „gutem" Handeln absprach. Dazu schrieb Frantz Fanon in „Die Verdammten dieser Erde":

„Dem Kolonialherrn genügt es nicht, den Lebensraum des Kolonisierten physisch, das heißt mit Hilfe seiner Polizei und seiner Gendarmerie, einzuschränken. Wie um den totalitären Charakter der kolonialen Ausbeutung zu illustrieren, macht der Kolonialherr aus dem Kolonisierten eine Art Quintessenz des Bösen. Die kolonisierte Gesellschaft wird nicht nur als eine Gesellschaft ohne Werte beschrieben. Es genügt dem Kolonialherrn nicht, zu behaupten, die Werte hätten die kolonisierte Welt verlassen, oder besser, es habe sie dort niemals gegeben. Der Eingeborene, heißt es, ist für die Ethik unerreichbar, ist Abwesenheit von Werten, aber auch Negation der Werte."[5]

Fanon versucht hier, das Ausmaß der Unterdrückung der Völker Afrikas in Worte zu fassen. Die Realität war noch grausamer. Denn Kolonialismus war nicht nur Ausbeutung und der Raub von Gütern und Vermögen sowie die Enteignung des kolonisierten Territoriums, sondern auch ethische, psychische und geistige Enteignung, Trauma und Akkulturation, die von Generation zu Generation weitergegeben werden. Umso schwieriger ist es, die

Zusammenhänge zwischen den nationalen und sozialen Konflikten im heutigen Afrika und den tiefgreifenden Schäden und Verletzungen für Frauen durch den Kolonialismus herzustellen. Und doch scheint es so, als würden die früheren An- und Heerführerinnen ins heutige Afrika durchschimmern. Beispiele sind die ehemalige liberianische Präsidentin Ellen Johnson Sirleaf, die aktuelle Präsidentin Sahle-Work Zewde in Äthiopien und jene in Tansania, Samia Suluhu Hassan. Noch sind sie die Ausnahme, auf einem Kontinent mit 54 Ländern. Dabei hatten in der Kolonialzeit Anführerinnen wie Sarraounia Mangou in Niger, Nana Yaa Asantewaa in Ghana, Nzinga von Matamba in Angola, Fatim Yamar Khouriaye in Senegal, Mbuya Nehanda in Simbabwe oder die „Amazonen" von Dahomey[6] (heutiger Benin) den Kolonialherren gezeigt, mit welcher Stärke, Energie und intellektuellen Kraft sich Frauen widersetzen können. Afrikanerinnen haben die Geschichte des kolonialen Widerstands entscheidend mitgeprägt.

Heute kämpfen sie wie die meisten Frauen weltweit um den Zugang zu Politik und Wirtschaft, um eigenes Einkommen und um die freie Entfaltung ihrer Fähigkeiten. Die westliche Lebenskultur wird dabei fast überall als Modell gesehen, ohne das „koloniale Erbe", das sich stets mittransportiert, infrage zu stellen. So bleibt die Rolle, die dem modernen weiblichen Geschlecht in der heutigen afrikanischen Kultur zugeschrieben wird, quasi importiert.

1 Vgl. Werke von Cheikh Anta Diop.
2 Vgl. Lohwasser, Angelika (2001): Die königlichen Frauen im antiken Reich von Kusch (Wiesbaden: Harrassowitz).
3 Die nubische Kultur war „Vorreiterin" der kulturellen Entwicklung Ägyptens und Ursprung von Pyramiden und Mumien.
4 Rodney, Walter (1982): How Europe Underdeveloped Africa (Washington DC: Howard University Press), 37.
5 Fanon, Frantz (1966): Die Verdammten dieser Erde (Frankfurt am Mai: Suhrkamp), 34.
6 Elite bzw. Armee aus Frauen des Königs von Dahomey Behanzin, die sich den französischen Truppen widersetzte.

Im Audre-Lorde-Studio

Hanna Hacker und Rosa Zechner

ABRISS „The master's tools will never dismantle the master's house" ist das bekannteste, außerordentlich häufig verwendete Audre-Lorde-Zitat; es bezieht sich auf den Wissenschaftsbetrieb. Je länger eine* das Zitat ansieht, desto rätselhafter scheint es zu werden. Was bedeutet es? Schließt es das klassische Gewaltverhältnis „master/slave" in sich ein? Nun hat sich feministische Kritik längst von der Idee verabschiedet, es gebe den einen „master" oder „Herrscher", den wir bekämpfen, absetzen, demontieren können. Vielleicht liegt die Anziehungskraft des Zitats gerade darin, dass es an die Utopie gemahnt, es sei möglich, jede Verstrickung in Machtverhältnisse aufzugeben und widerständig das ganz andere zu entwerfen. Was also, Frauen*soli? Die 12.000 Bücher der Bibliothek, die 2.500 Beiträge in der Zeitschrift, die Handlungsmacht der Autor:innen, ihre Bündnisse, ihr Protest, ihre Lust, ihre Mühsal: Funktionieren sie als „tools", die das Haus herrschaftlichen Wissens und Handelns niederzureißen vermögen?

UNSER STUDIO 2009: Der Seminar- und Leseraum in der in Wien eröffneten C3-Bibliothek für Entwicklungspolitik sucht einen Namen. Die Wahl der Frauen*solidarität fiel rasch und unwidersprochen auf Audre Lorde, „Schwarze, Lesbe, Feministin, Mutter, Dichterin und Kriegerin", wie sie sich selbst nannte. Lordes Spuren finden sich bereits zu Beginn der 1990er Jahre: Zum Titel „Lichtflut" kamen in den Folgejahren weitere Publikationen von und über Lorde hinzu: anfangs in der sich im Aufbau befindlichen Bibliothek am damaligen Standort in der Weyrgasse, ab 1996 in der Berggasse. Und am 24.1.2022 haben die Einträge zu Audre Lorde in der Online-Datenbank C3Search+ die

25

stolze Zahl von genau 333 erreicht. Das Audre-Lorde-Studio bildet(e) den Dreh- und Angelpunkt für inspirierende Zusammenkünfte, in deren Folge zahlreiche Veranstaltungen der Frauen*solidarität stattfanden – wie etwa mit Trinh Thi Minh Hà, Vandana Shiva, Shida Bazyar, Chamindra Weerawardhana und Chandra T. Mohanty. 2013 ließ Peggy Piesche mit ihrem Vortrag über „Audre Lorde's Black Internationalism und Black Feminism in Germany" Lordes Vermächtnis in der C3-Bibliothek wieder lebendig werden.

DEUTSCH, AFRO-DEUTSCH Audre Lorde war 50, als sie in West-Berlin zu lehren begann. Der lange Weg davor schließt ihr Lieben und Leben in der lesbischen Subkultur New Yorks in den 1950ern ein; ihr Studium der Bibliothekswissenschaft; ihre Arbeit als Anglistikdozentin an einem Polizei-College in den 1970ern; Heirat, Scheidung, Partnerinnenschaften, Kinder, Krebserkrankung, Reisen. Sie kam als preisgekrönte Lyrikerin an die Freie Universität Berlin, wurde eine enge Freundin der Leiterin des Orlanda Frauenverlags und gewann immense Bedeutung für die in den 1980ern erst entstehende afro-deutsche Frauen*bewegung. Bei ihren Lesungen und Seminaren fanden, wie es heißt, in Berlin lebende BIPoC-Frauen zum ersten Mal prominenten Rückhalt als kollektive Akteur:innen und als Teil eines transnationalen Netzwerks. Feministisch bewegte Afro-Deutsche wie auch antirassistisch engagierte *weiße* Feministinnen machten Lorde zu einer Ikone, einem Idol, einem Star. Die Historikerin Tiffany Florvil nennt dies Audre Lordes „lionization": Löwin, Königin in der Arena.

RAGE Wer öffentliche Auftritte von Audre Lorde kennt, weiß um ihre Leidenschaftlichkeit. In Erinnerung bleibt ihr furioses Auftreten, das aufforderte, in sich und immer noch einen Schritt weiter zu gehen. bell hooks schrieb einmal, nicht jede zornig wirkende

Schwarze Sprecherin empfinde sich selbst als zornig; häufig handle es sich bei diesem „rage" um eine *weiße* Wahrnehmung ganz „gewöhnlichen" intensiven Ausdrucks Schwarzer Überzeugungen. Audre Lorde indessen hat den Begriff „anger", Wut also, und Zorn, in ihren Texten oft verwendet. „My response to racism is anger. I have lived with that anger, on that anger, beneath that anger, on top of that anger, […] learning to use that anger before it laid my visions to waste […]. My fear of that anger taught me nothing. Your fear of that anger will teach you nothing, also." Ihre berühmt gewordene Rede „The Uses of Anger" (1981) beginnt mit diesen Zeilen. Sie fordert schließlich dazu auf, Konflikt und Differenz im Feminismus zu bejahen – auf dass die Wut nach außen gehe und furiose Transformation ermögliche!

ERINNERUNGSORTE Mit zahlreichen Würdigungen ausgezeichnet, hat sich Audre Lorde auch in die Topografie von New York, wo sie den Großteil ihres Lebens verbracht hat, eingeschrieben: so etwa durch das Audre Lorde Women's Poetry Center, das Audre Lorde Project, das Callen-Lorde Community Health Center – beides für Schwarze LGBTQs – oder durch die in die Liste der Sehenswürdigkeiten von New York aufgenommene Audre Lorde Residence. Um die Umbenennung des Hunter College West Building, Lordes Alma Mater, kämpfen Wissenschafter:innen und Studierende seit Längerem. Nun soll zumindest die angrenzende Straße in Audre Lorde Way umbenannt werden. Eine Audre-Lorde-Straße wurde für Berlin bereits 2019 beschlossen; nach einem offenen Beteiligungsverfahren fiel die Entscheidung im Juni 2021 auf eine Straße in Kreuzberg. In Wien ist die neue Stadtrandsiedlung Seestadt, was die Straßennamen betrifft, vorwiegend weiblich, so erinnert z. B. der Wangari-Maathai-Platz an die erste afrikanische Friedensnobelpreisträgerin. Wird dem Audre-Lorde-Studio bald eine weitere Würdigung im öffentlichen Raum folgen?

Vom Mythos der Model Minority
#StopAsianHate
Vina Yun

Seit der weltweiten Ausbreitung der Corona-Pandemie berichten Menschen, die in den Ländern des „Westens" als asiatisch wahrgenommen werden, von zunehmenden Angriffen und Beleidigungen. Im Klima wachsender antiasiatischer Ressentiments entstanden u. a. der Twitter-Hashtag #IchBinKeinVirus sowie die Plattform ichbinkeinvirus.org, auf der Betroffene ihre Erfahrungen sichtbar machen. Obwohl das Thema im deutschsprachigen Raum vergleichsweise marginal behandelt wird, hat zumindest der Begriff des „antiasiatischen Rassismus" Eingang in die hiesigen Medien gefunden – eine Bezeichnung, die bis vor wenigen Jahren weitgehend unbekannt war.

Häufig werden Anfeindungen gegen asiatisch gelesene Menschen – von verbalen Mikroaggressionen über strukturelle Diskriminierung bis hin zu physischen Übergriffen und Morden – erst gar nicht als systematische Gewalt wahrgenommen. Denn wenn sie nicht gerade als Gefahr für die Mehrheitsgesellschaft gelten, werden *die Asiat:innen* gerne pauschal als Musterschüler:innen der Integration inszeniert: fleißig, anpassungsfähig, still. Dieser Mythos der Model Minority relativiert bzw. verschleiert den Rassismus gegen die Betroffenen – ein Effekt, den die Journalistin Vanessa Vu „unsichtbare Entmenschlichung" nennt. Interventionen gegen antiasiatischen Rassismus skandalisieren daher die mit ihm einhergehende Spaltungsrhetorik, die zwischen „guten" und „schlechten" Migrant:innen unterscheidet und so verschiedene marginalisierte Gruppen gegeneinander ausspielt. Zugleich richtet sich die Kritik gegen altbekannte Feindbilder: Die Vorstellung, dass Asiat:innen undurchschaubar und heimtückisch seien und

Krankheiten einschleppen würden, ist ein Erbe kolonialrassistischer Stereotype und verfügt über eine jahrhundertelange Tradierung.

Als eines der ältesten Kinder der „Zweiten Generation" koreanischer Einwander:innen in Österreich, das in den 1970er und 1980er Jahren in Wien groß wurde, erlebte ich das Paradox am eigenen Leib: Als *Asiat:in* galt ich als strebsam und passiv, fügsam und hinterhältig, ordentlich und schmutzig zugleich. Schon damals schien mir der „positive Rassismus" *weißer* Österreicher:innen, wie manche die affirmativen Stereotype gegenüber asiatischen Menschen bezeichnen, willkürlich und zweifelhaft. In der Volksschule wurde ich meinen türkischen Mitschüler:innen gegenüber oft bevorzugt. Doch im Zweifelsfall landeten wir alle im selben Topf: Wir waren *die Ausländerkinder.*

In meiner Kindheit hatte ich noch keinen Begriff für das Misstrauen, das Gemieden-Werden, die herabwürdigenden Sprüche und Bezeichnungen, die mir an den Kopf geworfen wurden. Für das sonderbare Gefühl, wenn ich im Fasching andere Kinder sah, die sich als *Chinesen* verkleideten. Für die abschätzigen Bemerkungen über mein *asiatisches* Aussehen, das, je älter ich wurde, mit einem zunehmend sexualisierten Vokabular versehen wurde.

Antiasiatischer Rassismus gehört seit Langem zum Selbstverständnis westlicher Gesellschaften, geformt durch langjährigen Kolonialismus und Imperialismus. Dass er nicht erst durch die Corona-Pandemie hervorgebracht wurde, machen zahlreiche Initiativen und Projekte aus asiatisch-diasporischen Communitys deutlich, die Gegenerzählungen zu diesem Narrativ entwickeln. So verbinden Aktivist:innen Vergangenheit und Gegenwart, indem sie über die Geschichte antiasiatischer Darstellungen aufklären und derart kolonialrassistische Kontinuitäten thematisieren. Zudem leisten sie aktive Erinnerungsarbeit, indem sie die Lücken in der offiziellen Geschichtsschreibung westlicher Gesellschaften mit den Erfahrungen der Gast- und Vertragsarbeiter:innen aus den verschiedensten Ländern Asiens füllen, die schon vor Jahrzehnten hierhergekommen sind. Ein Beispiel hierfür ist die Aufarbeitung der Arbeitsmigration asiatischer Krankenschwestern nach Österreich. In jüngster Zeit haben künstlerische Projekte wie „First Batch"[1] oder „Homestories"[2] den umkämpften Raum der Erinnerung erweitert, indem sie jene Generation von Frauen (und ehemaligen Krankenschwestern) in den Vordergrund stellen, aus der die asiatisch-diasporischen Communitys der Gegenwart gewachsen sind. In Deutschland begann die Aufarbeitung dieser weitgehend „vergessenen" Geschichte ein wenig früher – wichtige Referenzpunkte sind u. a. die Publikation „Zuhause"[3], mit autobiografischen Erzählungen früherer deutsch-koreanischer Krankenschwestern, und der Film „Brown Angels"[4], der den Spuren der Migration indischer Krankenschwestern nach Deutschland in den 1960er Jahren folgt.

Der Widerstand gegen antiasiatischen Rassismus erfährt derzeit eine neue Dynamik. Neue selbstorganisierte Netzwerke[5], u. a. getragen von einer selbstbewussten postmigrantischen Generation, zeugen von einem verstärkten Bewusstsein. Sie analysieren antiasiatischen Rassismus aus intersektionaler Perspektive und treten im Bündnis mit anderen gegen ihn auf.

1 instagram.com/firstbatchfilm (Zugriff am 13.05.2022)
2 instagram.com/homestories.vienna (Zugriff am 13.05.2022)
3 Berner, Heike; Choi, Sunju (Hrsg.) (2006): Zuhause – Erzählungen von deutschen Koreanerinnen (Berlin: Assoziation A).
4 Benjamin, Shiny Jacob (2016): Brown Angels. Dokumentarfilm (Deutschland/Indien).
5 s. Kasten: Auflistung asiatisch-diasporischer Initiativen, S. 61.

In den Borderlands zu leben, bedeutet, dass du

weder *hispana india negra española*
ni gabacha bist, *eres mestiza, mulata, half-breed*

gefangen im Kreuzfeuer zwischen Lagern,
während du alle fünf *races* auf deinem Rücken trägst,
ohne zu wissen, an welche Seite dich wenden,
vor welcher fortlaufen;

In den Borderlands zu leben, bedeutet, zu wissen
dass die *india* in dir, die 500 Jahre lang hintergangen wurde,
nicht länger zu dir spricht,
dass *mexicanas* dich *rajetas* nennen,
dass deine *Anglo*-Identität zu leugnen
genauso schlimm ist, wie deine *Indian*- oder *Black*-Identitäten
geleugnet zu haben;

Cuando vives en la frontera
laufen die Leute durch dich hindurch, stiehlt der Wind deine
Stimme,
du bist eine *burra,* ein *buey,* Sündenbock,
Vorhut einer neuen *race,*
halb und halb — sowohl Frau als auch Mann, weder noch —
ein neues Geschlecht;

In den Borderlands zu leben, bedeutet,
den Borschtsch mit Chili zu würzen,
tortillas aus Vollkornmehl zu essen,
Tex-Mex mit einem Brooklyner Akzent zu sprechen;
von *la migra* an den Grenzübergängen angehalten zu werden;

Das Leben in den Borderlands bedeutet, dass du hart darum kämpfst,
  dem flüssigen Gold zu widerstehen, das aus der Flasche lockt,
  dem Ziehen des Gewehrlaufs,
  dem Seil, das die Leere in deiner Kehle zerquetscht;

In den Borderlands
  bist du das Schlachtfeld,
  auf dem die Feinde miteinander verwandt sind;
  du bist zu Hause und doch fremd,
  Grenzstreitigkeiten sind beigelegt worden,
  Schusssalven haben den Waffenstillstand gebrochen
  du bist verwundet, im Kampf verloren gegangen,
  tot, schlägst zurück;

In den Borderlands zu leben, bedeutet,
  dass die Mühle mit den rasiermesserscharfen weißen Zähnen
  deine olivrote Haut zerschreddert, den Fruchtkern herauspresst, dein Herz
  schlägt dich, drückt dich, rollt dich aus
  riechst wie weißes Brot, aber tot;

Um in den Borderlands zu überleben,
  musst du *sin fronteras* leben,
  musst eine Kreuzung sein.

---

gabacha – ein Chicano-Begriff für eine *weiße* Frau
rajetas – wörtlich: „gespalten", im übertragenen Sinne:
                das eigene Wort verraten haben
burra – Eselstute
buey – Ochse
sin fronteras – ohne Grenzen

Gloria E. Anzaldúa: Borderlands/La Frontera: Die neue Mestiza. Übersetzt vom Chaka Kollektiv, herausgegeben von Verena Melgarejo (Berlin: Weinandt - Archive Books) Erscheint im Oktober 2022.

Für eine Dekolonialisierung des Wissens

Chandra Talpade Mohanty ist eine der bedeutendsten post-kolonialen feministischen Wissenschaftler:innen und Aktivist:innen der Gegenwart. Internationales Renommee erlangte sie mit ihrem 1984 erstmals erschienenen Aufsatz „Under Western Eyes: Feminist Scholarship and Colonial Discourses". Dieser wurde in zahlreiche Sprachen übersetzt und zählt bis heute zu den Grundlagen der Frauen*- und Genderforschung.

Ausgehend von Publikationen der ZED-Press-Reihe „Frauen in der Dritten Welt" analysiert Mohanty darin die diskursive Kolonisierung der „Dritte-Welt-Frauen" durch die „westliche" Frauenforschung. Sie kritisiert die Konstruktion der „Dritte-Welt-Frauen" als eine homogene, machtlose Gruppe, die primär Opfer patriarchaler Strukturen sei. Gleichzeitig würden damit rechtliche, ökonomische, religiöse und familiäre Strukturen in der „Dritten Welt" als „unterentwickelt" konstruiert. Demgegenüber betont sie, dass sich die Diskriminierungserfahrungen von „Dritte-Welt-Frauen" nicht generalisieren lassen und der Blick stets auf die Verschränkung von Kolonialismus, Kapitalismus, Rassismus und Sexismus zu richten sei.

Seit der Jahrtausendwende befasst sich Mohanty verstärkt mit transnationaler feministischer Solidarität. 2019 kam sie auf Einladung der Frauen*solidarität und anderer Organisationen erstmals nach Wien und diskutierte mit Nikita Dhawan über antikapitalistische und antirassistische feministische Allianzen und Kämpfe über alle Grenzen hinweg.

Rosa Zechner

Rassismus, das ich-zentrierte Motiv
der Mehrheitsgesellschaft
Nadia Shehadeh

Ich wurde 1980 in Ostwestfalen geboren und zog niemals weg – weder zum Studieren noch zum Arbeiten. Ich bin durch und durch eine Ostwestfälin, und ich habe das, was man gemeinhin einen „Migrationshintergrund" nennt – auch wenn ich von nirgendwoher migriert/eingewandert bin.

Geprägt wurde der Begriff „Migrationshintergrund" von der Pädagogikprofessorin Ursula Boos-Nünning in den 1990er Jahren – eingebürgert im öffentlichen Diskurs mit der ersten Veröffentlichung im Mikrozensus 2005 als amtlicher Begriff. Mittlerweile ist er fest beheimatet in der deutschen Statistik und Forschung.

Als Soziologin würde ich sagen, dass er als neutral gedachte Kategorie zur Beschreibung einer Bevölkerungsgruppe dienen sollte. Als Aktivistin unterstelle ich dem Terminus, dass er fortlaufend an der Konstruktion des „anderen", des „Fremden" und so auch an der Produktion von Rassismus beteiligt ist. „Migrationshintergrund" ist eine typische Vokabel aus dem Behördendeutsch, begleitet von der Idee, dass es zweierlei „Arten" von Deutschen gibt: die „echten" und die „anderen".

„Wo kommst du her?" bzw. „Wo kommen deine Eltern her?" waren für mich seit der Kindheit Fragen, die ich nicht eindeutig beantworten konnte. Das lag auch daran, dass ich wie jedes andere Kind nur über ein unzureichendes geografisches Wissen verfügte. „Se-haaaa-deeeeh", so lasen die Lehrer:innen zu Beginn eines jeden Schuljahres meinen Namen aus der Klassenliste vor: „Ist das ein persischer Name?", fragten sie dann. „Das ist Arabisch", entgegnete ich darauf – ohne zu wissen, was „arabisch" überhaupt bedeuten sollte. Wenn die Lehrer:innen mich dann fragten, ob mein Vater aus Saudi-Arabien käme, konnte es vorkommen, dass ich „ja" sagte, obwohl es gemessen an nationalstaatlichen Standards falsch war. Aber das wusste ich damals noch nicht. Die Schubladen, in die ich gesteckt wurde, kannte ich in jungen Jahren nicht so genau.

Mein Vater hatte sich in Deutschland in den 1970er Jahren eine Aussprache unseres Nachnamens ausgedacht, die deutschen Muttersprachler:innen möglichst leicht von der Zunge gehen sollte: „Sche-ha-deeh". Dass er unseren Namen so zu einem Fantasienamen ummodellierte, begriff ich erst Jahrzehnte später, als ich mit jungen syrischen Geflüchteten zusammenarbeitete. Sie fanden diese akustische Version eines arabischen Halbinselnamens so kompliziert, dass sie mich der Einfachheit halber mit „Frau Nadia" ansprachen. Ich selbst bin bis heute nicht in der Lage, meinen Namen wirklich korrekt auszusprechen, da ich nie Arabisch gelernt habe – und deswegen nur über begrenztes Muskelgewebe im Hals-Rachenbereich verfüge, das bereits an „Shehadeh" glorreich scheitert. Ich lebe also mit Konstruktionen, die ausschließlich für mich geschaffen wurden. Dass ich meinen eigenen Hintergrund erst selbst kennenlernen musste, dass ich die Muttersprache eines Elternteils nicht sprechen kann und dass ich genug Rassismus internalisiert habe, um immer wieder Dinge fehlzuinterpretieren, löst vieles bei mir aus: Faszination. Scham. Schmerz.

„Ich mag das Wort ‚Migrationshintergrund' nicht, weil ich denke, dass es ein Kampfbegriff ist", verkündete ich einmal auf einer Lesung. Ein netter, älterer Mann sagte darauf, dass es bei dem Wort doch nur darum gehe, zu erfahren, wo jemand herkomme – und dass es deswegen wertfrei sei. „Wissen Sie", entgegnete ich, „die Familie meiner Mutter kommt aus Tschechien. Aber nie geht es um dieses Bezugsland, wenn ich irgendwo über ‚Migrationshintergrund' spreche. Es geht immer nur um meinen ‚arabischen' Hintergrund." Nach kurzem Zögern musste er mir zustimmen. Der Begriff

„Migrationshintergrund", so hielten wir fest, wird vor allem dann eingesetzt, wenn es darum geht, Menschen einem Herkunfts- oder Bezugsland südlich von Spanien zuzuordnen.

Ob jemand nun einen Migrationshintergrund hat oder „arabisch" ist, interessiert also nicht auf neutrale Art und Weise, sondern unterliegt vielmehr dem ich-zentrierten Blick der Mehrheitsgesellschaft. Der Begriff „Migrationshintergrund" ist schon deshalb nicht wertfrei, weil er durch die „Migrationserfahrung-ab-1949"-Anwendungsregelung historisch limitiert ist. Er wurde zusätzlich im Laufe der Zeit zur Analogie des ebenfalls streitbaren Begriffs „Integration"; und er wird vor allem auf Menschen angewandt, die in ihrer Familienlinie nicht nur Angehörige moderner Industriestaaten nordwestlicher Prägung haben (im deutschsprachigen Raum zudem gern und großflächig auf Menschen muslimischer Herkunft).

2019 erschien der Sammelband „Eure Heimat ist unser Albtraum", zu dem ich einen Beitrag beisteuerte. Wir waren insgesamt 14 Autor:innen, die in Essays über Alltagsrassismus, Nationalismus und Diskriminierung berichteten, und jede:r von uns hatte ein Stichwort bekommen, um darüber zu schreiben. Meines lautete „gefährlich", und es passte zufällig am besten zu all den Zuschreibungen, die mir im Laufe meines Lebens angeheftet wurden. Geht es um Rassismus, werde ich nicht müde zu betonen, dass ich aus einer sehr privilegierten Position heraus spreche. Als akademisierte Passdeutsche aus bürgerlichen Verhältnissen kann ich es niemals aufnehmen mit den schlechten Erfahrungen, die Menschen machen, die strukturell, sozial, institutionell und auch finanziell systematisch aufgrund ihrer Herkunft benachteiligt werden.

Rassismus zerstört Lebensentwürfe – umso mehr, wenn man gesetzlich verordnetem Rassismus unterliegt. In Deutschland gehören dazu u. a. die „Duldung" und die „Aufenthaltsgestattung".

Man erhält einen Status, der deutlich macht: Du hast kein Recht, hier zu sein. Und damit diese Botschaft auch tagtäglich ankommt, beschneidet man systematisch sämtliche Bereiche, die einen positiven Einfluss auf die gesellschaftliche Teilhabe haben könnten: den Zugang zu Bildung, Sprache und Arbeit ebenso wie die eigene Zeitgestaltung, denn man muss immens viele Stunden bei Ausländerbehörden verbringen, um den Status immer wieder kurzzeitig verlängern zu können. Menschen werden so wertvoller Jahre beraubt, die sie gebrauchen könnten, um ihre eigene Entwicklung positiv voranzutreiben. Dass man sich diese rassistische Dekadenz noch leistet – in Zeiten, in denen Pandemie, Klimawandel und Kriege zeigen, wie fragil unsere gesellschaftliche Stabilität tatsächlich ist –, ist nicht nur befremdlich, sondern geradezu grotesk.

Dass Deutschland eine „Willkommenskultur" aus dem Boden stampfen kann, ist nicht zuletzt daran erkennbar, wie schnell und zügig Geflüchtete aus der Ukraine aufgenommen werden konnten, für die glücklicherweise – im Gegensatz jedoch zu anderen Geflüchteten – der direkte Zugang zum Wohnungs- und Arbeitsmarkt freigeräumt wurde. Ein anderes Miteinander wäre also möglich. Wenn es nun darum geht, nochmals zu resümieren, wie sehr mich das Label „arabisch" betrifft, dann kann ich gegenwärtig nur feststellen: Es war für mich noch nie so egal, „arabisch" zu sein, wie jetzt. Das ist einerseits gut, weil es bedeutet, dass ich bestimmte Erklärungsnöte nicht mehr habe. Und gleichzeitig ist es schlecht, denn es bedeutet: Auf uns kommen sehr dringliche Probleme zu, um die wir uns als Gesellschaft kümmern müssen.

Ich verstehe es – aber ich akzeptiere es nicht
Leben zwischen dem Sauerland und Köln
Kadriye Acar

Um Heinrich Heine frei zu zitieren: Denk ich an das Sauerland in der Nacht, bin ich nicht mehr um den Schlaf gebracht. 1972 war das noch anders. Ich war fünf Jahre alt und kannte bis dahin nur mein anatolisches Dorf: Karlı Köy. Mein sauerländisches Dorf Lasbeck war mir sehr fremd. Als sogenannter Gastarbeiter fand mein Vater Arbeit in der hiesigen Aluminiumfabrik und holte uns aus der Türkei nach.

Über vieles in diesem sauerländischen Dorf habe ich mich gewundert. Unter anderem auch darüber, dass meine Geschwister und ich im Schulbus bespuckt und auf dem Schulhof verprügelt wurden. Auf die Frage warum, kam die Antwort: *„Weil ihr anders seid."*

Anders inwiefern? Ich fragte meine Eltern: „Wer sind sie und was sind wir?" Die Antwort meiner Mutter, „Wir sind Türken", half mir nicht weiter. Auch nicht die Antwort meines Vaters: „Wir sind Muslime, alevitische Muslime." Türken, Muslime, Aleviten – und waren wir nicht auch Menschen?

Ein Ereignis habe ich bis heute nicht vergessen. Ich war ca. zwölf Jahre alt und spielte mit einem Klassenkameraden im Sandkasten. Irgendwann sagte er, er würde alle schwarzhaarigen Frauen in die Gaskammer stecken. Dann könnten sie auch keine anderen schwarzhaarigen Kinder zeugen.

Ich weiß noch, wie erleichtert ich war, dass ich keine schwarzen Haare hatte. Aber ich war eine Frau – noch eine Identität, die dazu führte, dass ich – in diesem Fall – vergast werden sollte. Es war also gar nicht so einfach, vielmehr sehr komplex.

In der Grundschule wurde mir ein Arm gebrochen. Mein Schulkamerad Daniel war der Meinung, dass sich „dreckige Türkinnen" hinten anstellen müssten. Wir sollten uns aufreihen, um in die Klasse zu gehen. So schubste er mich, ich fiel auf meinen Ellenbogen. Für Daniel hatte das keine Folgen. Für mich schon: Ich, Linkshänderin, kann seitdem auch rechts schreiben. Ich hatte mir sehr früh überlegt, woher dieser Hass gegen mich kam. Dieser Hass, der zu dieser Zeit kein abstrakter war, sondern den ich als gegen mich persönlich gerichtet verspürte, nicht gegen eine imaginäre Gruppe.

Diese Erfahrungen haben mich geprägt, meine Sinne geschärft für Ausgrenzung und Abwertung. Und nicht zuletzt haben diese frühen Erfahrungen dazu geführt, dass ich zeit meines Lebens gegen meine eigenen Reaktionen ankämpfe und versuche, mich nicht in negativen, misstrauischen oder vorsichtigen Reaktionsmustern zu verfangen. Und dass ich viel Energie dafür aufwende, um Verständnis für das zu entwickeln, was mich damals in Lasbeck so fassungslos gemacht hat und was so unverständlich gewesen ist.

Zu diesen Bemühungen gehören die Wahl meiner Studienfächer (Politik, Germanistik, Islamwissenschaften), die Wahl meines Berufs (Journalistin) und wohl auch die meines Freundeskreises. Und hieraus resultieren sicher auch meine Schwierigkeiten mit Hierarchien, mit unkollegialem oder unsolidarischem Verhalten. Nicht zuletzt verdanke ich diesen Wurzeln meine Energie und meine Fähigkeit zur Empathie. Sie haben mir geholfen, auch wenn sie mir in manchen Momenten noch zu gering erschienen oder mich regelrecht behinderten.

Studium und Beruf halfen mir, mein Leben im Kontext historischer Entwicklungen zu verstehen, als Teil dessen, was sich als „Gastarbeitergeschichte" titulieren lässt. Ich verstand, dass die Gastarbeiter:innen in der zunehmend härter werdenden Arbeitswelt eine willkommene Prügelgruppe für ihre deutschen Kolleg:innen darstellten, die sich immer mehr abgewertet und von der

Entwicklung überrollt fühlten; ich verstand, dass die hierdurch frustrierten männlichen Gastarbeiter in ihrem Gekränkt-Sein und auf der Suche nach Ventilen für ihre resultierenden Aggressionen auf die Menschen zurückgriffen, die ihnen in jeder Beziehung am nächsten waren: ihre Frauen und Kinder. Und dass ich dadurch das hatte, was eine Freundin „die doppelte Arschkarte" zu nennen pflegt.

Die Erfahrungen in Lasbeck erwiesen sich auch später als weit verbreitet. Ob es die Jugendfreunde waren, die mich verblüfft fragten, ob ich denn „alleine" – sprich ohne Bruder oder sonstige Aufsicht – mit ihnen Zeit verbringen dürfe; oder die politisch und sozial engagierten Lehrer:innen, die bei der Notengebung oft genug Klischees stärker als die realen Leistungen berücksichtigten und ihr Verhalten im Gespräch auch noch offensiv verteidigten. So sagte mir mein Lehrer auf dem Gymnasium, dass ich doch kein „Sehr gut" im Fach Deutsch bekommen könne, meine Eltern seien ja Türken; oder die Kolleg:innen und Vorgesetzten – und Strukturen – meines „Haussenders", wo mir qua Herkunft und unter Missachtung meiner Abschlüsse und Qualifikationen die Rolle als Türkei- und Islam-Expertin (und -Versteherin) zugewiesen wird und ich entsprechende Aufgaben und Aufträge erhalte.

Gerne kann ich stundenlang mit es gut meinenden Freund:innen darüber diskutieren, welche dieser Einschränkungen, Abwertungen – eben Diskriminierungen – denn „bewusst" oder „unbewusst", welche „böswillig" oder „einfach nur gedankenlos" sind. Das interessiert im Moment der Verletzung aber sehr wenig.

Denke ich an Lasbeck in der Nacht, so verstehe ich heute, als 53-Jährige, dass das Kind Kadriye Projektionsfläche für die Ängste anderer war. Manchmal bin ich das auch jetzt noch – kann heute aber besser damit umgehen. Ich verstehe es, aber ich akzeptiere es nicht.

Unter postkolonialen Bedingungen
Regisseurinnen in Simbabwe

Andrea Ernst

Tsitsi Dangarembga, mehrfach ausgezeichnete Schriftstellerin und Filmemacherin aus Simbabwe, gehört zu den wichtigsten feministischen Stimmen Afrikas. Im Sommer 2020 geht sie für demokratische Reformen in Harare auf die Straße. Es ist ein friedlicher Protest, der zwei Jahre später vor Gericht mit der Androhung einer mehrjährigen Gefängnisstrafe endet. Noch ist Dangarembgas Zukunft unklar, sie konnte nach Deutschland flüchten. Die Hoffnung ist groß, dass ihre in Harare gegründeten Projekte weiterbestehen. Dazu gehört das 2002 ins Leben gerufene Frauenfilmfestival (IIFF), das erste internationale Festival dieser Art im subsaharischen Raum, außerdem das von ihr aufgebaute Kulturinstitut ICAPA. Florence Makore, eine ICAPA-Vertreterin, berichtet zusammen mit Olaf Koschke über die postkolonialen Bedingungen des aktuellen Filmemachens:

„Unsere Regisseurinnen arbeiten mit sehr geringer öffentlicher Unterstützung und mit sehr geringem technischem Aufwand. Dabei entstehen kurze, innovative Filme mit hohem Produktionswert. Das zentrale Problem sind die Finanzen, außerdem ist die Branche männerdominiert. Die Regisseurinnen werden bei der Aushandlung der Produktionsbedingungen nicht wahrgenommen, hinzu kommt die Gefahr des sexuellen Missbrauchs: Wer sich sexuell verweigert, verliert unter Umständen das Projekt. Der Rahmen, in dem sich simbabwische Filmemacherinnen bewegen, wird also von den schwierigen Bedingungen vor Ort, aber auch von *weißen* Männern und von *weißen* Regisseurinnen eng begrenzt. Als z. B. kürzlich die Unterstützung für lokale Filmfestivals, einschließlich des Frauenfilmfestivals, völlig versiegte, wurden die einheimischen Festivals durch ein importiertes ‚Europäisches Filmfestival' aus EU-Mitteln ersetzt. Dieses leitete eine deutsche Kulturmanagerin, obwohl wir hier wissen, wie man Festivals organisiert. Den (post-)kolonialen Blick sehen wir in fast allen großen Produktionen, z. B. in dem für den Oscar nominierten Dokumentarfilm ‚The President', einem Porträt des führenden Oppositionskandidaten in Simbabwe. Er wurde von einer dänischen Filmemacherin gedreht, ohne Beteiligung einheimischer Regisseur:innen.

Dennoch ist inzwischen eine eigene Filmsprache in Simbabwe entstanden – sie ist Zeichen des Enthusiasmus und der kreativen Kraft der Regisseur:innen."

Weiße Dominanz
Rassismus im deutschen Bildungssystem
Emily Ngubia Kessé

„Rassismus ist die Verknüpfung von Vorurteil mit institutioneller Macht. Entgegen der (bequemen) landläufigen Meinung ist für Rassismus eine ‚Abneigung‘ oder ‚Böswilligkeit‘ gegen Menschen oder Menschengruppen keine Voraussetzung. Rassismus ist […] ein institutionalisiertes System, in dem soziale, wirtschaftliche, politische und kulturelle Beziehungen für *weißen* Alleinherrschaftserhalt wirken“[1], stellt die Autorin, Künstlerin und Aktivistin Noah Sow fest und verweist damit auf den universellen Charakter rassistischer Strukturen.

Für mich drückt sich Rassismus im deutschen Bildungssystem dadurch aus, dass die *weiße* Mehrheit durch strukturelle Macht, z. B. in Schule oder Universität, kontinuierlich erfährt, dass ihre Interessen, ihre Weltanschauung und Kultur, ihre Einstellungen zur und Vorstellungen von der Welt konsequent bevorzugt werden. Das *weiße* Wissen wird als Zentrum gesetzt, von dem aus alle anderen, außereuropäischen und nicht-*weißen* europäischen Perspektiven wahrgenommen, bewertet, betrachtet und verstanden werden.

Im deutschen Bildungssystem besitzt *Weiß*sein die Deutungshoheit. Schwarze Perspektiven fehlen in der Bildungspolitik, in den Schulbüchern und Lehrplänen. Dies wird in meinem Buch „eingeschrieben“[2] untersucht und mit Beispielen und Erfahrungsberichten belegt. So werden z. B. an deutschen Hochschulen zentrale Figuren des Kolonialrassismus wie Humboldt, Hegel und Kant in den Mittelpunkt gestellt, ohne sie kritisch zu hinterfragen. Aber Schwarze Persönlichkeiten wie der Philosoph und Bürgerrechtsaktivist W. E. B. Du Bois bleiben oft unerwähnt. Kenntnisse zur kolonialen Geschichte Deutschlands sind kaum vorhanden, nur wenigen Student:innen ist der Genozid an den Herero und Nama bekannt. Und nur wenige wissen, dass Deutschlands erstes Konzentrationslager im namibischen Swakopmund geschaffen wurde.

*Weiß*sein bestimmt in wirkmächtiger Weise, wie Wissen und Erkenntnis angeordnet, entwickelt und konzeptualisiert werden. Perspektiven Schwarzer Menschen und People of Color – einschließlich der Perspektiven aus dem Globalen Süden – fehlen als Kernbestandteil universitären Wissens, und dies ist keineswegs ein Versehen, sondern es ist Absicht. Denn solches Wissen wird als das minderwertige, als das „andere" betrachtet. Das akademische Zentrum ist *weiß* und besitzt die ökonomischen Ressourcen, um *weiße* Themen relevant zu machen und darüber hinaus zu bestimmen, was „wahr" oder „abnormal/anders" oder zu „fürchten" ist.

Schwarze Student:innen werden an deutschen Hochschulen mit zahlreichen Hindernissen konfrontiert. Ist die Einschreibung, die oft vom Gutdünken einzelner Beamt:innen abhängt, gelungen, kommt das Anrechnen bisheriger Studienleistungen als weitere Hürde. Rassistische Anfeindungen gehören für Schwarze und People of Color zum universitären Alltag. So werden Themenvorschläge von Schwarzen Student:innen oft als irrelevant abgelehnt, während die gleichen Vorschläge – von *weißen* Student:innen eingebracht – als bedeutsam erachtet werden. Es ist durchaus üblich, dass Schwarze und Student:innen of Color bei gleicher Leistung schlechtere Noten erhalten als *weiße* Student:innen.

Rassismus zu leugnen, macht ihn unsichtbar und stärkt seinen Status quo. Eine wichtige Rolle spielt dabei auch das Schweigen[3], das mit Unterdrückung Hand in Hand geht. Die eigene Stimme zu finden, ist der erste Schritt in Richtung Dekolonialisierung und Wiedererlangung der eigenen Autorität in einer Welt, die u. a. durch Rassismus, Cissexismus[4] und Ableismus strukturiert ist.

Wir alle leben unter dem Einfluss des Rassismus; d. h. das Engagement dagegen geht alle an. *Weiße* Privilegien können nicht abgelegt, aber sie können als Ressource nutzbar gemacht werden, um gegen Rassismus zu kämpfen. Nicht gegen Rassismus zu agieren oder darauf zu antworten, ist eine rassistische Handlung.

Personen, die sich dafür entscheiden, sich rassistisch zu verhalten, tun dies mit der Gewissheit der fehlenden Sanktionierung durch institutionelle Strukturen. Somit ermöglicht das System selbst rassistische Handlungen von Einzelpersonen. Deshalb ist es umso wichtiger, das System der *weißen* Vorherrschaft infrage zu stellen und Strukturen – z. B. durch Zusammenschlüsse und gemeinsamen Widerstand – nachhaltig zu verändern.

1 Noah Sow zitiert in: Arndt, Susan; Ofuatey-Alazard, Nadja (2011): Wie Rassismus aus Wörtern spricht: (K)Erben des Kolonialismus im Wissensarchiv deutsche Sprache. Ein kritisches Nachschlagewerk (Münster: Unrast Verlag), 37.
2 Kuria, Emily Ngubia (2015): eingeschrieben. Zeichen setzen gegen Rassismus an deutschen Hochschulen (Berlin: w_orten & meer).
3 Zur verschwiegenen Manifestation von strukturellem Rassismus durch „Silencing" siehe Kessé, Emily Ngubia (Hrsg.) (2018): Stille Macht: Silence und Dekolonisierung. Silence, Wissen und Gewaltstrukturen (Berlin: w_orten & meer).
4 Bei Cissexismus liegt der Schwerpunkt auf der Überhöhung von cis Geschlecht, d. h. der Annahme, dass das Geschlecht von cis Menschen z. B. natürlicher und legitimer sei als das von trans Menschen.

2.

Gewalt

Patriarchale Gewalt betrifft alle Geschlechter – aber Frauen und LGBTIQ+-Personen, davon insbesondere trans Menschen, ganz besonders, geht sie doch mit deren brutaler Unterordnung in (zwischenmenschlichen) Beziehungen und im gesellschaftlichen Leben einher. Dabei ist patriarchale Gewalt ein alles bestimmender Faktor unseres Alltags: Häusliche und sexuelle Gewalt, emotionale und psychische Gewalt, staatliche und politische Gewalt sind Teil eines strukturellen Phänomens, das von Männern, dem Familienbund und dem Staat ausgeht und mit Traditionen, Sitten und Moral gerechtfertigt wird.

In diesem Kapitel wird in Interviews sowie literarischen und journalistischen Beiträgen verschiedenen Formen von Gewalt gegen Frauen und queeren Personen Raum gegeben. Es geht u. a. um Femizide, Zwangsheirat, ungewollte Schwangerschaft, Vergewaltigung und absolute Einschränkung. Das kann beim Lesen schmerzhaft sein. Doch zeigt sich hier auch die Stärke feministischer Bewegungen und ihrer Errungenschaften. Aufgeben ist keine Option, bis nicht mehr Gewalt, sondern gegenseitiger Respekt und Gleichberechtigung unseren Alltag bestimmen.

intention
Đinh Thị Mỹ Anh

I dreamed about you and everyone else / about forgiveness / my heart
longed for a reunion / with laughter / a touch / understanding /
from you and the others / the heaviness in my throat / I woke up
alone and let the tension linger in my chest for a little while / then
my mind saves me / again / I let go / continuing —

mich und meinen körper
betrachte ich
mit anderen augen

in diesem moment
existieren keine
normen und ideale

meine blicke im spiegel
verlangen intimität
zart und hungrig

still und allein
zwischen mir und meiner haut
neue berührungen

und stellen, die sich sehnen
nach verbundenheit
verletzt und ungeschützt

„ich versuche wertzuschätzen,
dass du hier mit mir bist.“

mein körper zeigt mir
überlebensstärke
mit jedem atemzug
kann ich erkennen
die gewalt
an meiner haut haftend
die gewalt
in meinem kopf fixiert
die gewalt
in den bildern
von gestern und morgen

nur ich unterbreche
den prozess
um zu verstehen
was die wunden
verursacht
daran operiert
und grenzen
schafft
verwischt

in diesem moment
bin ich
mit meinem körper

with my body / each awakening / I find myself in comfort / in the
expansion of my imagination / knowing one morning my body
savors / the future I am creating at night — end

Der kollektive Schrei
Eine chilenische Performance geht um die Welt
Marcela Torres Heredia

„Un violador en tu camino" (Ein Vergewaltiger auf deinem Weg) war die performative Antwort des künstlerischen Kollektivs LASTESIS auf die sexuelle Gewalt ausgehend von chilenischen Carabineros (Polizeibeamten) an FLINT (Frauen, Lesben, inter, nicht-binäre und trans Personen) während Massenprotesten. Die sogenannten „sozialen Unruhen" erschütterten Chile zwischen dem 18. Oktober 2019 und März 2020. Demonstrierende forderten einen politischen Wechsel weg von der neoliberalen Politik, die in Chile von der Militärdiktatur 1973 bis 1990 eingeführt wurde und bis heute für extreme soziale Ungleichheiten im Land gesorgt hat. Nach ihrer Uraufführung am 20. November in Valparaíso wurde die Performance stark in den Sozialen Medien verbreitet und sorgte am 25. November 2019, dem Internationalen Tag zur Beseitigung jeder Form von Gewalt gegen Frauen, für einen großen Publikumsansturm in Santiago. Es kam zu Aufführungen an verschiedenen Plätzen in Chile sowie in 50 weiteren Ländern der Welt.

LASTESIS besteht aus Daffne Valdés Vargas, Paula Stange Varas, Lea Cáceres Díaz und Sibila Sotomayor Van Rysseghem. In ihrer Arbeit greifen sie die These von Rita Segato auf, die Vergewaltigung nicht als sexuelle Lustbefriedigung des Täters, sondern als Akt der Machtausübung versteht, bei dem es darum geht, das annektierte Territorium zu unterwerfen, zu kontrollieren und zu reglementieren.[1]

Kritisiert werden auch Gesellschaftsapparate, die zur Straflosigkeit, Reviktimisierung und Reproduktion der Gewaltspirale beitragen. Der Justizapparat versagt regelmäßig dabei, in Fällen von geschlechtsspezifischer Gewalt gegen Täter zu ermitteln oder

50

Ermittlungen abzuschließen.[2] Sogar bei der Erstattung von Anzeigen wird die Glaubwürdigkeit der Opfer infrage gestellt und aus einer Machomoralperspektive auf die Verantwortung des Angriffsopfers verwiesen. Das Strafrechtssystem verhält sich nicht wie eine Instanz, die zu Gerechtigkeit verhilft, sondern agiert nach patriarchaler Logik, die Gewalt durchgehen lässt und unsichtbar macht. LASTESIS bringt das folgendermaßen auf den Punkt: „Das Patriarchat ist ein Richter, der uns verurteilt für unsere Geburt. Und unsere Strafe ist die Gewalt, die keiner sieht." Und formuliert Antworten auf die Reviktimisierung durch die Justiz: „Und ich bin nicht schuld, auch nicht mein Kleid oder der Ort, an dem ich war." Dieser Vers bricht mit der Übertragung der Verantwortung auf die Opfer geschlechtsspezifischer Gewalt. Das wiederholte Aussprechen kommt einer Katharsis gleich, ausgedrückt durch einen kollektiven Schrei, der die Kultur der Täter und das Machtgeflecht, das Täter schützt und ihre Taten entschuldigt, offen und hart kritisiert.

Als die Videos viral gingen, wurden die Geschichten sexuellen Missbrauchs von Opfern häufig zum ersten Mal öffentlich gemacht. In Sozialen Medien zirkulierten sie unter den Hashtags #ElVioladorEresTu (#DerVergewaltigeBistDu) oder #YLaCulpaNoEraMia (#UndIchWarNichtSchuld). Dort versammeln sie sich als Schilderungen kollektiver Gewalterfahrungen, die ein strukturelles Phänomen erkennbar machen – und zum Aufbau von Netzwerken durch FLINT geführt haben, die durch ein immer stärker werdendes Narrativ zusammengehalten werden. Die Performance ist ein Symbol für den Kampf gegen das Patriarchat.

1 Segato, Rita (2016): La guerra contra las mujeres (Madrid: Traficantes de Sueños).
2 Lagarde, Marcela (2006): Feminicidio: Una perspectiva Global. In: „Feminicidio: Una perspectiva global" (México: Universidad Nacional Autónoma de México).

Das Patriarchat ist ein Richter,
der uns verurteilt durch Geburt,
und unsere Strafe
ist die Gewalt, die du nicht siehst.

Das Patriarchat ist ein Richter,
der uns verurteilt durch die Geburt,
und unsere Strafe
ist die Gewalt, die du jetzt siehst.

Der Femizid.
Straffreiheit für meinen Mörder.
Lässt uns verschwinden.
Die Vergewaltigung.

Und es war nicht meine Schuld, nicht wo ich war,
nicht was ich trug.
Und es war nicht meine Schuld, nicht wo ich war,
nicht was ich trug.
Und es war nicht meine Schuld, nicht wo ich war,
nicht was ich trug.
Und es war nicht meine Schuld, nicht wo ich war,
nicht was ich trug.

Der Vergewaltiger warst du.
Der Vergewaltiger bist du.

Es sind die Bullen.
Die Richter.
Es ist der Staat.
Der Präsident.

Der repressive Machostaat vergewaltigt uns mit
jeder Tat.
Der repressive Machostaat vergewaltigt uns mit
jeder Tat.
Der Vergewaltiger warst du.
Der Vergewaltiger bist du.

Schlafe beruhigt, unschuldiges Mädchen,
sorge dich nicht um den Übeltäter,
denn über deinen Schlaf, süß und lächelnd,
wacht dein Liebhaber der Polizei.

Der Vergewaltiger bist du.
Der Vergewaltiger bist du.

„Ein Vergewaltiger auf deinem Weg", in Anlehnung
an „Verbrennt eure Angst! Ein feministisches Manifest", Kollektiv
LASTESIS, übersetzt von Svenja Becker.

Bis 2022 wurde die Intervention „Ein Vergewaltiger auf deinem
Weg" in über 50 Ländern und auf fast allen Kontinenten adaptiert
und aufgeführt. Alle Länder, bis auf Rojava, sind UN-Mitglied-
staaten. Eine Karte aller Aufführungsorte hat GeoChicas.org ange-
legt und die Performance ist auf dem Youtube-Kanal von LASTESIS
zu sehen.

Gewalt ist mehrdimensional
Femizidale Gewalt, Selbstverteidigung und generationenübergreifender Feminismus

Verónica Gago im Gespräch mit Andreea Zelinka

Warum ist häusliche Gewalt ein politisches Thema und wie hängt sie mit anderen Formen der Gewalt zusammen?

Nur wenn wir die Definition von häuslicher Gewalt als ein privates Ereignis verwerfen, einen Akt, der in den eigenen vier Wänden passiert, können wir uns fragen, was sexuelle Gewalt, Gewalt gegen Frauen und deren brutalste Formen, Femizide, Transfemizide und Travestizide eigentlich ermöglicht. Dann erst werden Zusammenhänge sichtbar, die über das Private hinaus in den öffentlichen und politischen Bereich reichen. Dann erkennen wir, wie auch am Arbeitsmarkt weibliche und feminisierte Körper abgewertet werden. Wer behauptet, dass häusliche Gewalt eine private Angelegenheit sei, macht die systematischen Machtverhältnisse unsichtbar. Denn geschlechtsspezifische Gewalt ist Teil struktureller Gewalt, die wiederum mit institutioneller, rassistischer und ökonomischer Gewalt zusammenhängt. Wenn wir die Gewalt, die wir erfahren, hinterfragen, erkennen wir ein Gesamtsystem kolonialer, patriarchaler und kapitalistischer Unterdrückung.

Warum sprechen Sie nicht nur von Frauen und Lesben, sondern auch von Transsexuellen und Transvestiten?

In Argentinien sind nicht nur Frauen Teil der feministischen Bewegung – und wir sollten allen gerecht werden, die Protagonist:innen von ihr sind. Die Frage ist doch, was bedeutet es, eine inklusive feministische Bewegung zu sein und wie ist es möglich, andere Perspektiven, Körperlichkeiten und Identitäten miteinzubeziehen. In den letzten Jahren haben einige transphobische Gruppen

54

versucht, die feministische Bewegung zu spalten. Das haben wir entschieden abgelehnt, wo doch gerade in Argentinien mit führenden Persönlichkeiten wie Lohana Berkins, Diana Sacayán, Marlene Wayar und Alba Rueda die Transvestiten- und trans Bewegung historisch seit spätestens den 1990er Jahren bis heute sehr stark ist. Einige trans Kolleg:innen sagen daher, dass es nicht nötig ist, von Transfeminismus zu sprechen, da der Feminismus hier immer trans war.

Rita Segato nennt femizidale Gewalt „expressive Gewalt", das heißt, sie vermittelt eine bestimmte soziale Botschaft. Welche?

Sie lautet, dass es Körper gibt, die dazu bestimmt sind, sich unterzuordnen. Und jede Geste der Autonomie gegen diese Unterordnung kann einen Femizid provozieren. Das heißt, es gibt Männer, die ihre Kraft nutzen, um weibliche und feminisierte Körper zu bestrafen. Es wird ihnen durch ein Gefühl der Straffreiheit erlaubt, Frauen zu ermorden. Sie werden in gewisser Weise dazu gesellschaftlich befähigt. Rita Segato weist auf dieses Machtverhältnis hin, das innerhalb der patriarchalen sozialen Verhältnisse legitimiert wird. Warum geht die Zahl der Femizide nicht zurück, sondern bleibt gleich oder steigt manchmal sogar an? Diese Zahlen zeigen die Beharrlichkeit einer gewalttätigen patriarchalen Struktur, die sich zunehmend durch ihre Taten zu behaupten versucht. Und ich sage „zunehmend", weil sich männliche Identität und Männlichkeit hinsichtlich ihrer Rolle in der Gesellschaft, am Arbeitsmarkt, als Versorger und Familienoberhaupt in einer Krise befinden.

Fortsetzung auf Seite 57

Feministische Vorreiter:innen in Argentinien

2015 wurde die 14-jährige Chiara Páez von ihrem 16-jährigen Freund zu Tode geprügelt, weil sie ungewollt schwanger geworden war. Hunderttausende demonstrierten daraufhin wochenlang und skandierten „Ni Una Menos!" (Nicht eine weniger!) Die Forderung wurde zum viralen Hashtag. Innerhalb von fünf Jahren entstand die größte Bewegung Lateinamerikas, die sich international ausbreitete. Noch Ende 2015 wurde in Argentinien ein offizielles Register zur Erfassung von Femiziden eingerichtet und ein Gesetz erlassen, das Betroffenen von geschlechtsspezifischer Gewalt eine kostenlose Rechtsverteidigung zusichert.

Das Jahr darauf wurde die 16-jährige Lucía Pérez von einer Gruppe von Männern vergewaltigt und ermordet. Es folgte der erste feministische Massenstreik durch Ni Una Menos. Der Streik stellt sexuelle Gewalt mit der ökonomischen Ausbeutung von Frauen und queeren Menschen in Zusammenhang und fordert die Aufwertung von Frauen*arbeit. Er macht durch Einbezug der Reproduktions- und Sorgearbeit die Vielfalt der Arbeit sichtbar.

2018 wurde in Argentinien das Brisa-Gesetz verabschiedet, welches eine finanzielle Wiedergutmachung für Minderjährige unter 21 Jahren, deren Mütter Opfer von Femizid oder familiärer Gewalt wurden, vorsieht. Im selben Jahr begann Ni Una Menos sich mehr und mehr dem Kampf um reproduktive Rechte und Gesundheit zu widmen. Die Demonstrierenden der Grünen Welle erkämpften 2020 die Legalisierung von Abtreibung bis zur 14. Schwangerschaftswoche und nehmen damit eine Vorreiter:innenrolle ein, die sich auf andere Länder wie Mexiko oder Chile auswirkt.

Wie kann sich feministische Selbstverteidigung organisieren?
Feministische Netzwerke, die lokal agieren, können bei geschlechts-spezifischer Gewalt unterstützen, wenn der Staat versagt. In Argentinien sind das Selbstverteidigungsnetzwerke, die zum Beispiel dabei helfen, eine Unterkunft zu finden, falls man das eigene Heim verlassen muss, oder angesichts wiederholter aggressiver Annäherungsversuche Betreuung vermitteln und organisieren. Sie entwickeln auch kollektive Strategien, zum Beispiel, um Anzeige zu erstatten oder vor Gericht. Gleichzeitig denken sie über andere Formen der Gerechtigkeit nach, da es schwer ist, sich auf das institutionelle Recht zu verlassen, wenn Behörden immer wieder versagen. Gerade wird auch debattiert, wie eine feministische Justizreform aussehen könnte.

Welche Rolle spielen unterschiedliche Generationen innerhalb der feministischen Bewegung?
Feminismus befindet sich in ständiger Diskussion. In welchem Verhältnis stehen die Kämpfe der Vergangenheit zu jenen der Gegenwart? Welchen Beitrag leisten die verschiedenen Generationen? Es ist wichtig, die feministische Bewegung generationenübergreifend zu definieren. Sie ist nicht aus dem Nichts entstanden, ohne Geschichte, die einfach etwas Neues erfindet. Generationen definieren sich durch ihre Teilnahme an bestimmten politischen Erfahrungen, aber auch durch ihr Engagement, ihre Mitwirkung an und ihre Betroffenheit von bestimmten politischen Ereignissen. Entsprechend gibt es ältere Generationen, die heute erneut eine Hauptrolle in der feministischen Bewegung übernehmen. Ich würde nicht sagen, dass man Konfliktlinien anhand älterer und jüngerer Feminist:innen ziehen kann. Die Konjunktur der Bewegung fordert alle Generationen, vor allem die erfahreneren.

Warum Grün?

Seit bald 20 Jahren tragen Frauen und queere Personen im Kampf für Abtreibungsrechte grün. 2003 bereitete sich Marta Alanis, Gründerin von Katholik:innen für das Recht auf Abtreibung, für ein nationales Treffen vor. Alanis wollte den Frauen huldigen, die in den 1970er Jahren weiße Schals trugen, um auf das Verschwinden ihrer Kinder während der Militärdiktatur aufmerksam zu machen. Sie suchte jedoch nach einer anderen Farbe. „Wie wäre es mit Grün?", schlug ihre Freundin Susana Chiarotti vor. Grün repräsentiere Natur, Wachstum und Leben. Als 2020 Abtreibung in Argentinien legalisiert wurde, hat man die grünen Halstücher auch in Chile, Peru und Kolumbien getragen. 2022 fand man sie auf den Stufen des Supreme Court in den USA. Sie sind zum internationalen Symbol geworden.

Andreea Zelinka

Klischees, die töten
Antiasiatischer Rassismus und Widerstand

Weina Zhao

Am 16. März 2021 fährt ein *weißer* Mann in Atlanta zu drei Massagesalons und erschießt acht Menschen, sechs davon asiatisch-amerikanische Frauen: Hyun Jung Grant, Xiaojie Tan, Daoyou Feng, Suncha Kim, Soon Chung Park, Yong Ae Yue. In einer Stellungnahme des lokalen Polizeisprechers heißt es, der Täter sei sexsüchtig und wolle die Quellen der Versuchung beseitigen. Rassismus sehe er keinen dahinter.

Über ein Jahr ist nun seitdem vergangen und das rassistische und sexistische Motiv hinter dieser Tat wird zwar nicht mehr infrage gestellt, dennoch nehmen ähnlich motivierte Attacken kein Ende. So wird im Frühjahr 2022 eine 67-jährige asiatisch gelesene Frau in New York als „Asian bitch" beschimpft, zusammengeschlagen, getreten und bespuckt. Seit Jahresbeginn ist sie bereits das vierte asiatisch gelesene Opfer eines brutalen Hassverbrechens in New York. Im Jänner wird Michelle Alyssa Go auf die U-Bahngleise gestoßen und getötet; im Februar wird Christina Yuna Lee bis in ihre Wohnung verfolgt und mit mehr als 40 Messerstichen ermordet; im März stirbt GuiYing Ma an ihren Verletzungen; sie wurde im November beim Straßenkehren attackiert.

Seit Beginn der Corona-Pandemie stiegen rassistisch motivierte Attacken gegenüber asiatisch gelesenen Menschen, insbesondere Frauen*, in *weißen* Mehrheitsgesellschaften rapide an. Die US-amerikanische Plattform Stop AAPI Hate dokumentierte von März 2020 bis September 2021 10.370 Fälle. Die Dunkelziffer ist deutlich höher, weil viele Angriffe weiterhin nicht als rassistisch anerkannt werden und viele Opfer ihre Erfahrungen nicht melden. In Deutschland gaben im Rahmen einer Studie 49 % der Befragten mit asiatischem Migrationshintergrund an, dass sie Diskriminierungen und Angriffe im Alltag erlebt hatten. Für Österreich gibt es bis heute keine Erhebungen – doch ich kenne praktisch niemanden, die:der verschont geblieben ist.

Antiasiatischer Rassismus ist kein neues Phänomen. In den USA wurde er besonders deutlich durch den Chinese Exclusion Act von 1882 oder in der Internierung japanischstämmiger Amerikaner:innen während des Zweiten Weltkriegs. In Europa gibt es seit dem 13. Jahrhundert Texte, die asiatische Menschen als „anders", „exotisch", „gefährlich" beschreiben und somit Darstellungen von der „Gelben Gefahr" bis heute normalisieren. In diesem Narrativ gelten asiatische Menschen als emotionslose, stumme Fremde, arbeitsam und devot – Stereotype, die dazu beitragen, dass insbesondere asiatische Frauen* objektifiziert und sexualisiert werden. Hinzu kommt die Verharmlosung rassistischer Botschaften, wie sie zum Beispiel in dem Kinderlied „Drei Chinesen mit dem Kontrabass" zu hören sind. Hier werden bereits für den Kindergarten polizeiliche Willkür normalisiert und „Chinesen" als fremd und verdächtig dargestellt.

Während in englischsprachigen Ländern selbstorganisierter Protest schon länger existiert, werden seit etwa drei Jahren auch die deutschsprachigen asiatisch-diasporischen Communitys laut. Zeichen dafür ist u. a. der Offene Brief „Atlanta – War da was?", der an die Verbrechen in Atlanta erinnert. In dem Schreiben fordern 32 asiatisch-diasporische Initiativen aus dem deutschsprachigen Raum und über 1.200 Einzelpersonen, dass die historische Kontinuität des systematischen antiasiatischen Rassismus in Deutschland endlich anerkannt und dagegengehandelt wird.

Denn Deutschland und auch Österreich besaßen Kolonien u. a. in China und waren an der Niederschlagung des Boxeraufstands beteiligt. Österreich wurde dafür mit einem Stück Land, einer kleinen Kolonie in der ostchinesischen Hafenstadt Tianjin belohnt. Die rassistischen Ideologien und Stereotypen, die durch Kolonialismus und Imperialismus befördert wurden, sind bis heute nicht aufgearbeitet. Ebenso ist nur wenig bekannt, dass der Brandanschlag an Nguyễn Ngọc Châu und Đỗ Anh Lân 1980 in Hamburg der erste dokumentierte rassistische Mord nach Kriegsende in Deutschland war. Auch die Pogrome 1991 in Hoyerswerda und 1992 in Rostock-Lichtenhagen gegen überwiegend vietnamesische Vertragsarbeiter:innen oder die brutale Vergewaltigung und Ermordung von Li Yangjie 2016 in Dessau konnten kein Bewusstsein für antiasiatischen Rassismus hervorrufen. In der Politik, im Bildungswesen und in den Medien muss ein deutlich rassismuskritisches Bewusstsein entstehen, das asiatisch gelesene Menschen als vulnerable Gruppe begreift. Zusammenhänge des strukturellen Rassismus und rassistische Grundhaltungen dürfen nicht länger im politischen Diskurs geschürt und normalisiert werden.

Auswahl asiatisch-diasporischer Initiativen in Deutschland und Österreich

- korientation. Netzwerk für Asiatisch-Deutsche Perspektiven
- DAMN* (Deutsche, Asiaten, Make Noise), Facebook-Gruppe
- Perilla Zine – Verein zur Sichtbarmachung der asiatischen Diaspora in Österreich
- Mai Ling – queer-feministisches Künstler:innenkollektiv gegen Rassismus, Sexismus und Homophobie
- Asian German Updates, Instagram-Account über asiatisch-diasporische Repräsentation in Film, TV, Literatur, Geschichte etc.

Zum Schweigen gebracht
Anacaona und Malintzin
Adriana Churampi Ramírez

Heutzutage werden kulturelle Werke, die (latein-)amerikanische Weiblichkeit repräsentieren, einer kritischen Lektüre unterzogen, um ihre einseitigen Darstellungen hervorzuheben. Eine Ausnahme scheinen Comics zu sein, in denen die amerikanische Frau immer noch so gezeigt wird, wie man sie schon in der Kolonialzeit beschrieben hat: spärlich bekleidet, übersexualisiert und mit mangelnder Intelligenz. Das geht u. a. auf zwei emblematische Frauenfiguren des 15. und 16. Jahrhunderts zurück, Anacaona und Malintzin, die in den Chroniken aus der Zeit der Eroberung Amerikas als Ergebnis der Projektionen von Interessen, Angst und Fantasien der Chronisten auftauchen.

Anacaona, die Kazikin der Taíno[1], wird von den Chronisten in ihren offiziellen Schilderungen der ersten Begegnung mit den Bewohner:innen von Hispaniola (heute Dominikanische Republik und Haiti) erwähnt. Die spanische Verwaltung hatte bei ihrem Versuch, die Region zu organisieren, diese in fünf Königreiche unterteilt, die jeweils von eine:r Kazik:in angeführt wurden. Bei der Beschreibung der kazikischen Gebiete stoßen wir auf Anacaona, die Teil der herrschenden Elite gewesen ist: Sie war die Schwester des Kaziken von Xaraguá und die Frau des Kaziken von La Maguana. Christoph Kolumbus sprach von ihr als die Königin, von der er Wunderbares hörte. Bartolomé de las Casas schrieb, sie sei eine bemerkenswerte Frau gewesen, klug, anmutig in ihrer Sprache und Kunst und eine Freundin der Christ:innen. Denn zunächst bemühte sich Anacaona um eine Annäherung an die Spanier. Doch die Gefangennahme und der Tod ihres Bruders und ihres Mannes bewirkten, dass sie zur wichtigsten Kazikin des Widerstands wurde.

Anacaona besaß auch ein anerkanntes künstlerisches Talent. Bei der Beschreibung des „Areíto", einer kollektiven Tanz- und Gesangsdarbietung von Frauen, wird erwähnt, dass die Urheber:innenschaft der Musik, Texte und Choreografien bei ihr lagen. Die Areítos waren Mittel der historischen Überlieferung, gleichsam Memoriale, die von der Geschichte des Volkes, seinen Bräuchen und seinem Werdegang erzählten und diese im kollektiven Gedächtnis verankerten. So lässt sich eine Verbindung zwischen der Kunst von Anacaona und dem, was wir als Geschichtsschreibung kennen, herstellen. Gonzalo Fernández de Oviedo ist der Chronist, der die Figur der Kazikin zu hinterfragen wagte und ihr ein Kapitel widmete, in dem er die Aufmerksamkeit auf kulturelle Aspekte lenkte, wissend, dass sie Argwohn und Misstrauen erwecken würden. Spärlich bekleidete Frauen in Machtpositionen, die in der Öffentlichkeit tanzten, sich an Aufgaben beteiligten, die nicht ihrem Geschlecht zugeordnet waren, sich zu Kriegsfragen oder politischen Bündnissen äußerten, waren nur schwer zu erklären und konnten, je nach Darstellung, für Irritation sorgen. In „Die Königin Anacaona und ihre Lüste" listet Oviedo ihre sogenannten unmoralischen Praktiken, wie die Polygamie, auf und verwendet dabei Begriffe wie ehebrecherisch, lüstern und unsittlich. Damit popularisierte er das Stereotyp einer ausschweifenden und übersexualisierten amerikanischen Frau und bekämpfte und diskreditierte Anacaona als selbstbestimmte Frau.

Als Malinalli in eine herrschende Familie geboren (Malintzin drückt Respekt aus), genoss sie einen privilegierten Zugang zu Kenntnissen über Rituale, Bündnisse und Sprachen, die ihr später nützlich sein sollten. Nach dem Tod ihres Vaters übergab ihre Mutter, um das Erbe ihres Sohnes zu schützen, Malintzin an Händler, die sie in Tabasco zurückließen. Als der dortige Herrscher durch Hernán Cortés entmachtet wurde, machte er ihm Sklav:innen zum

Geschenk, darunter auch Malintzin. Die von den Spaniern, wegen der einfacheren Aussprache, Malinche genannte Frau zeichnete sich bald durch ihre Sprachkenntnisse aus. Sie erwies sich bei Verhandlungen als geschickte Vermittlerin zwischen Spaniern und einheimischen Herrscher:innen. Es gilt als erwiesen, dass ihr politischer Instinkt und ihre Informationen zufriedenstellende Ergebnisse garantiert haben. Nicht umsonst berichtet der Chronist Díaz del Castillo, dass ohne ihre Unterstützung die Eroberung Mexikos nicht gelungen wäre. Das Ausmaß ihrer Beteiligung wird auch in den indigenen Überlieferungen und Darstellungen deutlich: Malinche nimmt einen zentralen Platz neben Cortés in den Darstellungen der verschiedenen Konfrontationen in ganz Neu-Spanien ein. So werden beide untrennbar voneinander betrachtet: Cortés verkörperte die neue Macht – und sprach nur durch den Mund Malinches.

In westlichen Comics wird Malinche ohne die Komplexität ihrer Person dargestellt, die ihre Rolle in der mexikanischen Geschichte verdient. Dabei wird auf Strategien zurückgegriffen, die bereits zu Kolonialzeiten verwendet wurden: Nacktheit, erotische Darstellung sowie Sklaverei, Ausbeutung oder sexuelle Brutalität. Ein Beispiel dafür ist die fünfte Folge der Quetzalcoatl-Serie mit dem Titel „La Puta y el Conquistador" (Die Hure und der Eroberer).

Auch im 21. Jahrhundert geht der Kampf um ein gerechtes Frauenbild weiter.

---

1 Kazik:in ist eine indigene Bezeichnung für ein:e indigene:n Anführer:in. Das indigene Volk der Taíno lebte vornehmlich in der Karibik und war eines der ersten indigenen Völker, denen Christoph Kolumbus bei seiner Ankunft begegnete.

Sie wollen partizipieren!
Die Hoffnungen der NATO-Generation in Afghanistan
Shikiba Babori im Gespräch mit Andreea Zelinka

Was hat sich seit dem Abzug der NATO für Frauen geändert?

Alles! Es gibt nach wie vor einen großen Unterschied zwischen Stadt und Land. Die Fortschritte haben hauptsächlich in den Städten stattgefunden. Für die Frauen dort ist es von heute auf morgen komplett anders. Sie dürfen ihr Haus nicht verlassen. Wenn sie doch auf die Straße gehen, dann nicht ohne männliche Begleitung und sie müssen sich auf eine Art und Weise verschleiern, die überhaupt nichts mit den traditionell afghanischen Verschleierungsregeln zu tun hat. Bildungsstätte und Universität dürfen sie nur sehr eingeschränkt besuchen. Aktuell ist es den Mädchen sogar nicht erlaubt, ab der Sekundarstufe die Schule zu besuchen – obwohl die Taliban das immer wieder versprochen haben.

Die Medien in Afghanistan wurden zum Großteil von Frauen geleitet und gestaltet. In den letzten 20 Jahren wurden sie stets als positives Beispiel herangezogen, um den Fortschritt zu illustrieren – da sie zu den freiesten in der Region gehörten. Das ist jetzt komplett vorbei.

Aber für die Frauen in den Provinzen hat sich nun nicht viel geändert. Die patriarchalen Strukturen innerhalb der Familie sind so stark, dass sie in einer normalen, afghanischen Familie außerhalb der Großstädte, ohne Zugang zu Medien und kaum zu Schulen, von den Veränderungen der letzten 20 Jahre unberührt blieben.

65

Viele Frauen haben v. a. in den Städten in Banken und in der Verwaltung gearbeitet. Wurden bereits alle Frauen durch Männer ersetzt?

Das ist richtig. Es gibt Ausnahmen, z. B. als Krankenschwestern oder Ärztinnen müssen sie arbeiten, aber die meisten haben ja im Justiz- oder Frauenministerium gearbeitet. Dort dürfen sie nun nicht mehr sein, weil das angeblich gegen die Scharia verstößt. Das Frauenministerium wurde geschlossen und in den Sitz für die Religionspolizei umgewandelt, die den Namen „Ministerium für Gebet und Orientierung sowie zur Förderung der Tugend und zur Verhinderung von Laster" trägt. Viele Frauen haben zudem Angst, dass ihnen auf dem Weg zur Arbeit etwas zustößt, denn viele sind entführt worden. Wenn sie hohe Ämter innehatten, konnten sie mit Druck wieder freikommen, aber einige auch nicht. Im Moment gibt es überhaupt kein Vertrauen darin, dass die Frauen unversehrt bleiben.

Im Westen sehen wir immer wieder Bilder von Frauen und Mädchen, die auf der Straße protestieren. Was ist denn von diesen Bildern zu halten?

Man kann sagen, dass es eine NATO-Generation gibt, die unter der Anwesenheit des Westens groß geworden ist. Sie sind ungefähr Anfang 20 und kennen die Kriege oder das erste Taliban-Regime nur aus den Geschichten ihrer Eltern oder Großeltern. Sie sind jetzt dem totalitären System der Taliban ausgeliefert. Die Bilder machen deutlich, dass es diese neue Generation gibt. Das heißt, wenn eine Frau in Afghanistan arbeitet, wenn ein Mädchen zur Schule geht, wenn eine Frau auf der Straße demonstriert, dann bedeutet das ja nicht nur, dass diese Frau rausgeht, sich bildet oder für etwas einsetzt. Sondern es steht eine ganze Familie dahinter, die die Frau dabei unterstützt. Sie sagen deutlich, „die Taliban haben sich vielleicht nicht verändert, aber wir schon". Als die Schülerinnen Ende März 2022 demonstriert haben, weil die Schulen mit fadenscheinigen Ausreden der Taliban doch nicht wie angekündigt geöffnet wurden, waren viele auf den Straßen, wurden aber brutalst mit Waffengewalt zurückgedrängt.

Die Familien werden bedroht, die Mädchen geschlagen. Ohne Unterstützung von außen haben sie keine Chance, weil ihnen niemand gegenüber sitzt, der argumentiert. Die Taliban sind so gewalttätig, dass man sich nur schützen kann, indem man sich zurückhält.

Welche Formen von Widerstand von Frauen gibt es?

Bewaffneter Widerstand der Frauen findet nur vereinzelt, also nicht organisiert statt. Die Taliban sind ja dank der NATO ironischerweise sehr gut bewaffnet. Selbst das afghanische Militär hat sich kampflos ergeben. Die Frauen versuchen sich aber bei jeder Gelegenheit über die internationalen Medien zu zeigen und auf sich aufmerksam zu machen. Sie sind noch da und aktiv. Das hat es auch während der ersten Taliban-Ära gegeben, allerdings sehr marginal. Damals hat es durch Mädchenschulen, die heimlich in den Häusern organisiert wurden, eine Art Widerstand gegeben. Heute besteht die Hoffnung, den Unterricht auch online weiterzuführen. Aber was kann diese Art von Widerstand, der nur im Kleinen und nicht öffentlich stattfindet, ausrichten? Trotzdem ist es gut, dass es Mädchen und Frauen im Untergrund gibt. Es ist wichtig, auf jene aufmerksam zu machen, die das Risiko in Kauf nehmen und die Einschränkung ihrer Freiheiten nicht einfach akzeptieren.

Fortsetzung auf Seite 69

Liberales und konservatives Kräftemessen

- In den 1920er Jahren scheitert die Reformpolitik von Amanullah Khan an den konservativen Kräften im Land.

- 1933–1973 dürfen unter Mohammed Zahir Schah Mädchen die Schule besuchen, Frauen erhalten das Wahlrecht. Ein Militärputsch unter Mohammed Daoud Khan stürzt ihn unblutig. Khan ruft die erste Republik Afghanistan aus.

- 1978 folgt ein Staatsstreich afghanischer Marxist:innen. Durch die Entsendung sowjetischer Truppen 1979 internationalisiert sich der Konflikt.

- Ab 1994 formieren sich die Taliban in Südafghanistan und nehmen 1996 Kabul ein. Sie rufen ein Islamisches Emirat aus; das Volk leidet Not, das Land ist international isoliert.

- Nach den Terroranschlägen vom 11. September 2001 in den USA nimmt die Nordallianz, ein loser Zusammenschluss oppositioneller Gruppen, mithilfe massiver US-Luftunterstützung Kabul ein. Es kommt zum NATO-Bündnisfall und dem Beginn der „Operation Enduring Freedom". Die Taliban gelten rasch als besiegt. Eine „International Security Assistance Force" soll den Wiederaufbau Afghanistans sichern.

- Ende 2001 erhalten auf der Afghanistan-Konferenz bei Bonn die Nordallianzkräfte die Mehrheit der Posten der Übergangsregierung. Ausgeschlossen von der Verhandlung sind die Taliban und nicht-militärische pro-demokratische Kräfte. Frauen sind nicht repräsentiert.

- 2021 kündigt US-Präsident Joe Biden den Abzug der US- und NATO-Truppen an. Im August wird er in Eile vollzogen. Die Taliban nehmen Kabul weitgehend gewaltlos ein. Der 2018 gewählte Präsident Ashraf Ghani flüchtet. Im September 2021 rufen die Taliban das Islamische Emirat Afghanistan aus.

Kann man bei dieser neuen Generation von einem afghanischen Feminismus sprechen?

Vielleicht kann man ihn als solchen sehen. Denn trotz der massiven Gewalt und des größtenteils menschenunwürdigen Umgangs stehen die Frauen immer wieder auf. Wenn auf Bildern aus den 60ern und 70ern in Afghanistan Frauen mit offenen Haaren und kurzen Miniröcken zu sehen sind, sind viele Europäer:innen überrascht, dass Afghanistan auch mal so „modern" und „fortschrittlich" gewesen sei. Das ist natürlich Quatsch. Man kann anhand eines Minirocks nicht den Fortschritt eines Landes erkennen oder ob Frauen besser behandelt werden. In Afghanistan ist der Islam, so wie er in den 1960er und 1970er Jahren gelebt worden ist, aber eine sehr offene Form. Das hatte nichts mit der wahhabitischen oder saudischen Islamauslegung zu tun, die momentan massiv versucht, Verbreitung zu finden.

Den afghanischen Frauen der neuen Generation geht es nicht darum, einen Bikini und Minirock zu tragen, sondern sie wollen partizipieren! Sie wollen die Gesellschaft mitgestalten, durchaus in dem Rahmen, in dem sie leben, auch mit der Kleiderordnung, die in der afghanischen Tradition verhaftet ist.

Was können die Zivilgesellschaft und Feminist:innen im Globalen Norden tun?

In Afghanistan ist seit über 40 Jahren Krieg. Aber zwischendurch gab es für eine neue Generation Hoffnung – und eine Vision davon, wie es weitergehen kann. Der Albtraum vieler Afghaninnen ist es, dass sie aus dem Gedächtnis des Westens verschwinden und niemand mehr über sie spricht. Das hat auch historische Gründe. Während die Sowjets in den 1980ern in Afghanistan waren, sah der Westen genau hin, was dort passierte. Als die Sowjets das Land verließen, interessierte sich niemand mehr für Afghanistan. Den

Frauen ging es sehr schlecht. Sogar schlechter als es ihnen später unter den Taliban gegangen ist. Deswegen ist es wichtig, sich zu informieren, darüber zu sprechen und der eigenen Regierung auf die Finger zu schauen. Und zwar fortlaufend. Nicht nur symbolisch am 8. März oder während der 16 Tage gegen Gewalt an Frauen. Und wir sollten nicht nur über sie, sondern vor allem auch mit ihnen sprechen. Das große Problem der Frauen dort ist nicht die Burka, sondern die Müttersterblichkeit, fehlende weibliche Gynäkologinnen, die hohe Kindersterblichkeit und Hunger. Wir müssen fragen: Was benötigt ihr? Was können wir von außen tun? Der internationale öffentliche Druck, auch durch den Westen, ist wichtig. Dadurch unterstützen wir die Menschen dort.

Im Namen der Tradition

Ob Abtreibungsverbot oder Verschleierungsgebot – Körper und Freiheiten von Frauen sind ein umkämpftes Feld für religiöse Fundamentalist:innen und Ultrakonservative. Im Namen der Tradition wird geschlechtsspezifische Gewalt mit kulturellen Sitten und Werten gerechtfertigt. Insbesondere Religionen, die universale Gültigkeit beanspruchen, pflegen vergeschlechtlichte Praktiken. Letztlich soll durch die Kontrolle der Frau die patrilineare Abstammung und Erbfolge bewahrt werden. Die in vielen Weltreligionen angelegte Infragestellung der Geschlechter – die Einheit von Frau und Mann „in Christus", das hinduistische Axiom der Geschlechterlosigkeit als spirituelles Grundprinzip, die Leerheit der Geschlechtlichkeit im Buddhismus – hat lange kein emanzipatorisches Potenzial entfaltet. Erst in der jüngeren Geschichte erwirkten Reformbewegungen mehr Egalität unter den Geschlechtern.

Wenn Recht praktisch nicht schützt
Zum Austritt der Türkei aus der Istanbul-Konvention
Cânân Arın

Laut Artikel 10 der türkischen Verfassung sind „alle Menschen vor dem Gesetz gleich" und Männer und Frauen haben dieselben Rechte. Allerdings ergibt sich ein anderes Bild, wenn man die Praxis der Regierung betrachtet. Die AKP (Adalet ve Kalkınma Partisi) ist die politische Partei an der Macht und agiert auf zweierlei Arten, um Gesetze zu umgehen: Entweder sie setzt bestehende Gesetze einfach nicht um, oder sie erlässt Dekrete, die sie außer Kraft setzen. Ein Beispiel: Wenn ein 13-jähriges Mädchen Mutter wird, bedeutet das, dass sie im Alter von zwölf Jahren sexuell missbraucht wurde. Ärzt:innen sollten dies den zuständigen Behörden melden, und der Täter sollte ins Gefängnis kommen. Es passiert aber immer wieder, dass ein AKP-Abgeordneter eine Petition an die Große Nationalversammlung richtet, in der behauptet wird, das betreffende Mädchen sei mit dem Täter verheiratet. Eine Haftstrafe käme einer Bestrafung seiner 13-jährigen Ehefrau und seiner Kinder gleich und daher solle der Mann begnadigt werden. Das ist ein eklatanter Verstoß gegen das Zivilgesetzbuch, denn laut Familienrecht müssen Personen 18 Jahre alt sein, um heiraten zu können. Ein weiteres Beispiel betrifft den Schwangerschaftsabbruch. Obwohl in der Türkei seit 1983 die Abtreibung bis zur 10. Schwangerschaftswoche rechtlich zulässig ist, ergab eine 2014 von der Purple Roof Women's Shelter Foundation durchgeführte Untersuchung, dass nur vier der 37 staatlichen Krankenhäuser in Istanbul Abtreibungen anbieten. Als diese Erhebung wenige Monate später wiederholt wurde, war die Zahl auf ein einziges staatliches Krankenhaus gesunken. Der Grund dafür liegt darin, dass Präsident und AKP-Chef Recep Tayyip Erdoğan Abtreibungsgegner ist.

Frauenmorde sind in der Türkei weit verbreitet. Gemäß dem Onlineportal Bianet wurden 2021 in der Türkei zumindest 339 Frauen von Männern getötet. In den ersten drei Monaten des Jahres 2022 gab es bereits 70 Frauenmorde; 213 Todesfälle von Frauen wurden als Verdachtsfälle eingestuft. Trotzdem beschloss Erdoğan 2021 höchstpersönlich, aus der Istanbul-Konvention, dem „Übereinkommen des Europarats zur Verhütung und Bekämpfung von Gewalt gegen Frauen und häuslicher Gewalt", auszutreten. Und das, obwohl es 2011 in Istanbul beschlossen und von der Türkei als erstes Land 2012 nicht nur unterzeichnet, sondern auch ratifiziert wurde. Dieses Vorgehen ist völlig rechtswidrig.

Erdoğan hat sich aus der Istanbul-Konvention zurückgezogen, um Zugeständnisse an die fundamentalistischen Fraktionen seiner Partei zu machen, sich deren Stimmen zu sichern und das Patriarchat zu schützen. Die gesamte Betreuungs- und Pflegelast für Kinder, ältere Menschen und Kranke, deren Versorgung eigentlich dem Staat obliegt, soll so auf Frauen abgewälzt werden. Außerdem muss die Türkei nun GREVIO, der Expert:innengruppe, die für das Monitoring der Umsetzung zuständig ist, keinen Länderbericht mehr vorlegen.

Die Istanbul-Konvention wurde durch die Türkei zwar nicht entsprechend umgesetzt, trotzdem bot sie Rechtsanwält:innen die Möglichkeit, Rechte auf Grundlage der Konvention geltend zu machen und Gerichte zu deren Umsetzung zu verpflichten. Nun stehen die Rechte von Frauen in der Türkei auf dem Spiel, denn es ist einfacher geworden, Mädchen durch die Androhung von Gewalt zu Gehorsam und Schweigen zu zwingen. Trotz all dieser widrigen Umstände ist die Frauenbewegung in der Türkei die beste Opposition. Durch Massenproteste und Social-Media-Kampagnen, organisiert in Plattformen und Initiativen, wird sie nicht müde, Widerstand zu leisten und zu kämpfen.

Eine für alle
Über Sarah Hegazi
Andreea Zelinka

Nachdem Sarah Hegazi im Oktober 2017 in Kairo auf dem Konzert der libanesischen Band Mashrou' Leila, deren Frontmann offen homosexuell ist, glücklich eine Regenbogenflagge schwenkt, wird sie ein paar Tage später mit 75 anderen Besucher:innen von der ägyptischen Polizei festgenommen. Sie ist die einzige Frau. Nach drei Monaten Folter – demütigenden Befragungen, Elektroschock und Isolationshaft – kommt sie auf Kaution aus dem al-Qanatir-Frauengefängnis frei. Sie verliert ihren Job als Programmiererin, ist mit Anfeindungen aus der eigenen Familie konfrontiert. Sie sucht um politisches Asyl in Kanada an. Versucht dort weiterzuleben und einen Neuanfang, doch es gelingt ihr nicht. Das Erlebte hat seine Spuren hinterlassen, sie leidet unter PTBS und Depression. Am 13. Juni 2020 stirbt Hegazi an Suizid.

Sarah Hegazi war lesbisch, Kommunistin und vom Säkularismus überzeugt. Sie engagierte sich für Menschenrechte, Klimagerechtigkeit, Feminismus und war 2011 auf dem Tahrir-Platz aktiv. „Ich fühlte mich nie so lebendig wie während der Revolution! Ihr zu Ehren und um den Sinn unseres Lebens zu erfüllen, ist es unsere Aufgabe, den Kampf für die Revolution hier, in Ägypten, und überall fortzusetzen." Ihren Genoss:innen und Freund:innen bleibt Hegazi als selbstlos in Erinnerung. Ihre Geschichte, das Foto von ihr an jenem Oktoberabend, geht um die Welt. Denn queer zu sein, wird weltweit in vielen Staaten mit Gewalt verfolgt. Hegazi war eine derer, die diese Gewalt erlebt haben. Und durch sie krank wurde und letztlich, trotz der Flucht, ihr Leben ließ. Hegazi steht heute und auch in Zukunft für die vielen, die täglich gegen Schikane, Diskriminierung und Gewalt kämpfen.

Leben inmitten der Risse
50 Jahre Organización Femenina Popular in Kolumbien

Yolanda Becerra Vega im Gespräch mit Andreea Zelinka

In welchen Bereichen ist die Organización Femenina Popular (OFP) tätig und hat sich seit 1972 etwas geändert?

2022 wird die OFP 50 Jahre alt, und wir haben ihre Entwicklung in Etappen gefasst: Die erste dauerte von 1972 bis 1984. Diese Etappe der Entstehung, des Aufbaus und der Stärkung bestand darin, die Frauen aus ihren Häusern zu holen, indem sie im Schneidern, Backen oder in der Floristik ausgebildet wurden. Die Kurse ermöglichten es ihnen, aus dem Haus zu kommen, um herauszufinden, dass es mehr gab als die Welt der vier Wände, in der sie sich aufhielten. Sie konnten gute Mütter, gute Ehefrauen, gute Liebhaberinnen, aber auch gute politische Akteurinnen sein. Dabei stellten sie zudem fest, dass die Probleme, die sie zu Hause hatten, anderen nicht fremd waren und dass der Machismo überall vorhanden war.

Im Jahr 1984 kam es zur Trennung von der Katholischen Kirche. Wir sind ursprünglich aus der Katholischen Kirche und der Sozialpastoral hervorgegangen. 1986 haben wir daher einen Prozess der Autonomie durchlaufen, der von der Katholischen Frauenbewegung Österreichs und der Frauen*solidarität begleitet wurde. Diesen Organisationen möchte ich besondere Anerkennung für ihre umfassende Unterstützung zollen, denn sie haben an die Frauen geglaubt und uns begleitet, damit wir einen qualitativen und gesellschaftspolitischen Sprung nach vorn machen konnten. Die Frauen Österreichs sind Teil dieser 50 Jahre und haben den Autonomieprozess der Frauenvolksorganisation ermöglicht und verteidigt. Dann kam die Etappe des Widerstands. Überall in

Magdalena Medio eroberten die Paramilitärs viele Gebiete, darunter auch Barrancabermeja, mit blutiger Gewalt. Die OFP erhob öffentlich ihre Stimme, um als Frauen die Prinzipien der friedlichen Zivilgesellschaft und Autonomie gegenüber den bewaffneten Akteur:innen zu verteidigen. Es war eine sehr harte Zeit, in der wir einen hohen Preis zahlen mussten. Drei Genossen:innen wurden ermordet, wir hatten 48 Angriffe auf die Organisation, die Zerstörung einer unserer Niederlassungen, Drohungen, Verfolgung, Schikanen, Gerichtsverfahren; aber die OFP blieb immer aufrecht, prangerte an, mobilisierte und forderte. Logischerweise begleitet von anderen lokalen, regionalen, nationalen und internationalen Organisationen.

2012 traten wir dann in eine Etappe der kollektiven Wiedergutmachung ein. Die kolumbianische Regierung schuf „Die Nationale Einheit für die Betreuung und Wiedergutmachung der Opfer", die den Prozess der Wiedergutmachung für die Opfer der bewaffneten Konflikte einleitete. Im sozialen Bereich, beim Wiederaufbau von Arbeitsplätzen und beim Bau eines Museums zur Erinnerung an die weiblichen Opfer des bewaffneten Konflikts, ist dieser bis zu 50 % vorangekommen. Dazu gehört auch der Wiederaufbau mehrerer Frauenhäuser, die in der Zeit des Widerstands zu humanitären Schutzräumen geworden sind, in denen wir Familien sowie junge und bedrohte Frauen schützten. Fortschritte gab es auch beim Wiederaufbau des sozialen Netzwerks. Denn zwischen 1996 und 2007, in der Phase des Widerstands, waren 4.500 Frauen in der OFP organisiert. 2012 waren wir aufgrund der Angst, des Terrors, der Vertreibung, der Flucht nur noch 700 Frauen. Zurzeit sind wir 2.700 Frauen.

Im Moment springen wir in eine andere Etappe, die noch keinen Namen trägt. Es ist nicht wahr, dass in Kolumbien Frieden herrscht; der bewaffnete Konflikt und die Situation der Gewalt in den Regionen verschlimmern sich wieder. Es gibt einen enormen Konflikt um die Reichtümer in verschiedenen Teilen des Landes. Das zieht auch die Zivilgesellschaft in Mitleidenschaft. Erst letzte Nacht wurden zwei Genossen der Föderation der Agrarminen des Südens „Bolívar-Fedeagromisbol" ermordet. Wir erleben also immer noch Verluste und Schmerz. Der Staat ist nach wie vor derselbe. Er schützt die Paramilitärs, die sich wieder verstärken, beteiligt sich an der Verfolgung und Ermordung der organisierten Zivilgesellschaft und Menschenrechtsaktivist:innen.

Welche Rolle spielt die OFP, um dem entgegenzutreten?

Wir organisieren weiterhin die Frauen und bilden sie aus, unterstützen in den Regionen und halten die Hoffnung am Leben. Denn sie ist eines der grundlegenden Elemente unserer Arbeit. Wir schaffen weiterhin Lebensräume inmitten der Risse des Todes. Es ist nicht einfach, aber was wir als Organisation machen, ist, in diesem schwierigen Umfeld die Symbole und Zeichen des Lebens aufrechtzuerhalten.

Worauf liegt heute der Fokus eurer Arbeit?

Die Art und Weise, wie Gewalt ausgeübt und Krieg geführt wird, hat sich geändert, sodass die OFP auch die Art und Weise des Widerstands, der Organisierung und der Arbeit ändern musste. Wir sind nun in verschiedenen Bereichen tätig: Umweltschutz, körperliche und psychische Gesundheit sowie Erinnerungsarbeit. Wenn wir über Frieden sprechen, heißt das für uns, über Erinnerung zu sprechen. Bei Frieden geht es nicht nur darum, die Waffen zum Schweigen zu bringen und mit den bewaffneten Akteur:innen zu verhandeln, sondern um die Einbeziehung der neuen Generationen – damit sie verstehen, was geschehen ist und was sich nicht wiederholen darf, erzählt von den Menschen, die es erlebt haben.

Wir haben in Barrancabermeja das „Haus der Erinnerung und Menschenrechte der Frauen" eingerichtet, das erste seiner Art in Lateinamerika, das über Frauen und den bewaffneten Konflikt in zwei Dimensionen spricht: als Opfer, aber auch als politische Protagonist:innen, die inmitten des Krieges Widerstand und Aufbauarbeit geleistet haben. Dabei geht es nicht nur um das Museum, sondern auch um ein langfristiges Konzept mit Gedenkstätten, die die gesamte Region miteinander verbinden sollen.

50 Jahre OFP: Wie arbeiten die verschiedenen Generationen zusammen?

In 50 Jahren haben drei Generationen die OFP durchlaufen. Nun befinden wir uns in einem Prozess der Ausbildung und des Dialogs zwischen den Generationen. Die eine ist jene, die zu Ende geht, die mit mir selbst anfing und schon alt geworden ist. Wir haben vor langer Zeit Geschichte geschrieben und sind nun im Dialog mit den jungen Frauen. Wir konnten uns darauf einigen, keinen neuen Prozess zu beginnen, sondern ihn mit neuen Methoden, Strategien und Wissen fortzusetzen. Logischerweise werden die jungen Frauen neue Wege einschlagen, doch ohne die Geschichte zu löschen. Wir konnten bei anderen Organisationen sehen, dass sie zum Scheitern verurteilt waren, wenn dieser Dialog nicht gelungen ist. Wir sind nun schon seit fünf Jahren dabei; es war schwierig, manchmal flossen auf beiden Seiten Tränen, aber wir haben große Fortschritte gemacht.

Wie wird in diesem Prozess mit Konflikten umgegangen?

Als die Pandemie begonnen hat, sind sich die jungen Frauen darüber bewusst geworden, dass sie allein nicht weiter wissen. Dieser Kontext hat uns klargemacht, dass sich die beiden Generationen zusammentun müssen, um gemeinsam dieses „Wie" inmitten der nationalen und weltweiten Zustände zu finden. Wir haben miteinander geredet, uns gegenseitig Verantwortung übertragen und Raum geschaffen, damit man einschätzen kann, was man einbringen kann und muss. Heute weiß jede einzelne, welche ihre Rolle ist.

Internationale Unterstützung

Auf der Reise von Lizzi Feiler, Eva Kreisky und Ulrike Lunacek nach Kolumbien, die für die Frauen*solidarität das Projekt Concientazión im September 1985 evaluieren, kommt es zu ersten Kontakten mit der OFP in Barrancabermeja. Danach wird ein Projektantrag an das österreichische Außenministerium zur Unterstützung der OFP eingereicht, der 1988 eine Absage erhält. Die Katholische Frauenbewegung Österreichs (kfb) springt ein und unterstützt – wie die Frauen*solidarität – die OFP viele Jahre in ihren Anliegen. Bis heute ist die OFP ein wichtiger Referenzpunkt der kolumbianischen Frauenbewegung und in der nordöstlichen Region Magdalena Medio Antioquia mit acht Büros präsent.

Ein feministisches Internet macht Widerstand möglich!

Marwa Azelmat

Es gibt keine Grenze zwischen dem Analogen und dem Digitalen. Laut Take Back The Tech![1] werden Frauen und Mädchen online besonders häufig erpresst, gestalkt, bedroht und gedemütigt. Ziel ist es, sie emotional und körperlich zu kontrollieren, zu erniedrigen, einzuschüchtern und zum Schweigen zu bringen. Laut eines Berichts von Working to Halt Online Abuse aus den Jahren 2000 bis 2013 ist der Stalker ein Ex-Freund (39,5 %), eine Online-Bekanntschaft (16,25 %) oder ein Freund (12,5 %). Da es sich häufig um (ehemalige) Intimpartner handelt, sind Frauen zudem körperlichen Angriffen ausgesetzt. All diese Gewaltformen führen analoge Gewalt im digitalen Raum weiter.

Wir sollten „nicht annehmen, dass das Internet etwas ist, das außerhalb von uns stattfindet", sagt Paz Peña. Die Aktivistin und Beraterin für Technologie, Umwelt und soziale Gerechtigkeit reflektiert kritisch, wie das digitale Umfeld unser Leben und unser Handeln verändert hat: „Wie können wir unsere Rechte online verteidigen?". Eine Antwort gab die Association for Progressive Communications (APC), die 2014 rund 50 Teilnehmer:innen aus unterschiedlichsten Organisationen und NGOs versammelte, um Feministische Prinzipien des Internets[2] zu formulieren. In Malaysia diskutierten sie, wie sich Geschlecht, Sexualität und Technologie überschneiden. Beim Folgetreffen 2015 twitterten sie zeitgleich unter #ImagineAFeministInternet rund um den digitalen Zugang, Autonomie, Ökonomie und Teilhabe. Entscheidend sei, zu erkennen, in welcher Form datenbasierte Technologien sexistisch und rassistisch sein können, z. B. durch die Verwendung voreingenommener Datensätze, oder auch, wie algorithmisches Design zur Unterdrückung beiträgt – z. B. indem sie den persönlichen Ausdruck zensieren oder die Reichweite von Nutzer:innen einschränken. Denn digitale Infrastruktur basiert auf Regeln, die von einer Gruppe weißer heterosexueller Männer aus westlichen Industrieländern festgelegt werden. Dies gilt umso mehr, als das freie, offene und dezentralisierte Internet durch den Korporativismus, der die Dienste zentralisiert, und durch Regierungen, die versuchen, die Online-Kommunikation der Menschen zu kontrollieren, bedroht ist.

„Wir sollten unsere Handlungen im Internet nicht idealisieren", sagt Lulú Barrera, Gründerin des mexikanischen cyberfeministischen Kollektivs Luchadoras. „Es kann dazu beitragen, Ideen zu entwickeln, Druck auf Behörden auszuüben und die Unzufriedenheit der Bevölkerung zu zeigen, aber es kann die soziale Organisation an der Basis nicht ersetzen, die in kritischen Momenten notwendig ist." Frauen und queere Personen müssen vielmehr in der Lage sein, sich vor Ort zu organisieren. „Wir müssen uns auch an die Gemeinschaften wenden, die ‚offline' leben, sonst verstärken wir nur unsere Positionen durch digitale Diskurse, die sich aber nicht in konkrete Handlungen übersetzen. Das kann die große Fata Morgana der sozialen Netzwerke sein: unser Bedürfnis nach Veränderung zu befriedigen, indem wir auf ‚Gefällt mir' klicken und dann denken, dass wir genug getan haben, obwohl in Wirklichkeit alles noch getan werden muss", sagt Barrera. Es bleibt viel zu tun. Um auf jeder Ebene frei zu sein, lasst uns ein feministisches Internet vorstellen und es gemeinsam aufbauen.

1   Eine @APC_News-Kampagne, die seit 2007 gemeinsam mit Grassroots-Bewegungen weltweit versucht, Frauen und Mädchen darin zu unterstützen, die Kontrolle über Technologie zu erlangen, um Gewalt gegen Frauen online zu bekämpfen und zu beenden. takebackthetech.net
2   feministinternet.org

Digitaler Kolonialismus und digitale Gewalt

In Afrika haben 70 % der Bevölkerung und weltweit die Hälfte der Frauen keinen Zugang zum Internet. Dieser Digital Divide entsteht durch Wohnort, Einkommen, Alter, Geschlecht, *race*, Bildung, soziale und kulturelle Normen. Die meisten Menschen, die von der „Digitalen Revolution" ausgeschlossen sind, leben in ländlichen Regionen oder in der urbanen Peripherie. Konnektivität gilt als Motor für Entwicklung, Fortschritt und Modernisierung. Doch durch Monopolisierung von Google, Apple, Meta, Amazon und Microsoft wird digitale Infrastruktur überwiegend aus den USA weltweit exportiert und kontrolliert. Dieser Digitale Kolonialismus, gepaart mit All-in-One-Apps wie Grab in Südostasien, fördert einen Überwachungskapitalismus, der jeden Aspekt menschlichen Lebens mittels Data-Mining monetarisiert.

Digitale Gewalt muss unbedingt intersektional betrachtet werden. Schwarze, Indigene und Women of Color, nicht-binäre, inter und trans Personen sowie religiöse Communitys, die als Minderheiten betrachtet werden, und unterprivilegierte Kasten sind extrem von Gewalt betroffen. Je kritischer und lauter sie sich äußern, desto mehr Gewalt erfahren sie.

Eine UN-Studie 2006 betont, dass Digitale Gewalt nicht allein durch rechtliche Regelungen gelöst werden kann. Gesetze helfen bei der Feststellung von Straftaten, doch die Polizei bagatellisiert oft technologiebedingte Gewalt gegen Frauen und queere Personen. Es braucht breite gesellschaftliche Debatten, wie #MeToo sie seit 2007 angestoßen hat. Unter dem von Tarana Burke erfundenen Hashtag berichten Frauen von ihren Erfahrungen mit sexueller Belästigung und Übergriffen — auch, um Betroffene zu bestärken und die Verharmlosung von Betroffenen anzuprangern.

Munira

Yvonne Adhiambo Owuor[1]

Ayaana.

Der Name des Kindes war auf Pate nicht allzu verbreitet. Ayaana bedeutete „Geschenk Gottes". Muhidin kannte ihre Geschichte natürlich. Jeder kannte sie. Das Kind war vor sieben Jahren mit der Flut auf die Insel gekommen, in den Armen ihrer bis auf die Knochen abgemagerten skandalumwitterten Mutter Munira, Tochter einer angesehenen Familie. Munira hatte blasse Haut, mandelförmige Augen und war zierlich wie ein Vogelfuß. Ihre zuvor hochmütige, vorlaute, kantige, wilde Schönheit war von dem, was sie in den zweieinhalb Jahren fern der Heimat durchgemacht hatte, getrübt und abgeschliffen worden. Etwas hatte sie zurück nach Hause gezogen wie ein zerstörter rostiger Anker. „Ayaana", war Muniras einzige Erklärung für das kleine Wesen mit der geröteten Haut in ihren Armen. Es schrie unablässig, als die Mutter vor dem Hintergrund eines feurig-gestreiften Sonnenuntergangs das undichte Ngarawa eines Fischers verließ, den sie auf Lamu mit ihren letzten beiden goldenen Armspangen angeheuert hatte, um sie herzubringen. „Ayaana", wiederholte sie, ein ständiges Flehen um Gnade. Diejenigen, die ihrer Ankunft beiwohnten wie einem Trauerzug, ließen sich von diesem „Geschenk Gottes", dem jammernden Beweis für die gescheiterten Träume dieser Frau, nicht erweichen.

„Wer ist der Vater?"

„…"

„Der Vater, Munira."

„Der Wind!", rief sie mit tonloser Stimme. „Der Schatten des Windes." Ihre Antwort hatte etwas Unheimliches, und so schmiedete die Familie Pläne, um das Problem aus der Welt zu schaffen.

Schnell hatten sie einen Bräutigam für Munira ausfindig gemacht: einen strengen Gelehrten mit dünnem Bart, der ihm bis auf die eingesunkene Brust reichte. Seine Versuche, diverse Ehen zu schließen, waren allesamt gescheitert – alle angehenden Bräute waren geflohen und nie wieder gesehen worden. Seine erste und einzige Frau war durch schiere Willenskraft verstummt. Doch der Mann war fest entschlossen, in Muniras noble Familie einzuheiraten, um in den Genuss ihrer uralten, weitverzweigten Geschäftskontakte zu kommen, die in fast jeden Hafen der Welt reichten. Er wollte sogar ihren Namen annehmen, was Teil des Tauschhandels war. Daraufhin war Munira, das Kind an ihre Brust gepresst, zu einem Felsvorsprung gegangen und hatte gedroht, zu springen. Der Vorfall verursachte einen noch größeren Skandal und zementierte die Gewissheit, dass sie vollkommen verrückt, verflucht sein müsse.

Viele Jahre später erzählte Munira Muhidin in einer ruhigen Minute von dieser Zeit: dass sie sich damals dem Nichts verschrieben, kein Vertrauen mehr zu den Menschen gehabt und nur dem Vollmond ihre Hoffnungen offenbart habe; dass sie ihre Tage anhand der Anzahl der Beleidigungen beurteilte, die man ihr an den Kopf geworfen hatte. „Aber seinem Schatten kann man nicht entkommen", sagte sie dann zu Muhidin, der erwiderte: „Nein, aber ignorieren kann man ihn." Sie höhnte: „Ach, hör doch auf. Wir beide kennen die Wahrheit, auch wenn wir lügen. Wir sprechen eher über den Tod als über unsere Einsamkeit." Und sie fuhr fort: „Dua la kuku halimpati mwewe? – Was kümmert den Falken das Gebet eines Huhns? Aber immerhin bin ich noch am Leben. Nicht schlecht, oder?" Und sie lachte über sich selbst.

Nachdem Munira gedroht hatte, sich umzubringen, erklärte ihr über alles geliebter Vater sie zur Maharimu – zur Ausgestoßenen. Darüber hinaus stellte er ihrem Namen das Wort Mahua – die

Verstorbene – voran und sagte ihr mit vor Trauer geröteten Augen: „Du, meine Erstgeborene, der ich alles gab, was dein Herz begehrte, hast meine heiligsten Träume entehrt. Du hast das Recht verwirkt, unseren Namen zu tragen." Danach hatte Muniras Vater, sehr zum Verdruss der Inselbevölkerung, sein lukratives Geschäft mit Herbergen ins fünfhundert Kilometer entfernte Sansibar verlegt. Muniras verschmähter Bräutigam und seine Familie begleiteten ihn dorthin. „Tu uns allen einen Gefallen und stirb", sagte ihre Stiefmutter beim Abschied zu Munira, „aber warte damit, bis wir weg sind." Munira blieb mit ihrem Kind auf Pate zurück. Sie trauerte um ihre Familie. Sie mochte zwar noch am Leben sein, doch ihr Name wurde zu einem Synonym für Schande, zu einer Warnung an alle kühnen, rebellischen Mädchen, zu einem Anlass, sich daran zu erinnern, warum es auf der Insel kaum noch Arbeit gab. Sie war zu Kidonda geworden – einem wandelnden Geschwür, einer schwärenden Wunde. Trotz seines Kummers hatte Muniras Vater – angeblich aus Versehen – den Schlüssel für eines der kleineren Häuser der Familie zurückgelassen. Munira zog versuchsweise ein und wartete ständig auf eine Zwangsräumung, die nie kam. Das Haus wurde für sie und ihre Tochter zur Zuflucht. Bei Tagesanbruch band sie sich das Kind auf den Rücken, um für einen Hungerlohn zu putzen, zu kochen, zu waschen und Haare zu flechten. Außerdem legte sie einen Garten mit Blumen, Gewürzen und Kräutern an, den sie, Pflanze für Pflanze, kultivierte. Sie erspürte die Bedürfnisse des schwierigen Lehmbodens und mischte ihn mit Dung, bis er fruchtbar wurde. Dort wuchsen nach und nach die Zutaten für ihre Schönheitsbehandlungen heran.

1 Dieser Auszug stammt aus dem Roman „Das Meer der Libellen" von Yvonne Adhiambo Owuor, der 2020 im DuMont Buchverlag erschienen ist.

3.
Reproduktion

Die Gebärfähigkeit von Frauen steht seit Jahrhunderten im Zentrum politischer, wirtschaftlicher, religiöser und patriarchal-männlicher Interessen. Stets ging es um die Kontrolle darüber, wer wie viele Kinder von wem bekommt. „Ob Kinder oder keine, bestimmen wir alleine" ist daher auch einer der Slogans, mit dem die Frauen- und feministischen Bewegungen seit ihren Anfängen für reproduktive Rechte und Selbstbestimmung kämpfen. War dies auf individueller Ebene zunächst ein Kampf für das Recht auf Abtreibung, für die Freiheit, kein Kind zu haben, ist es längst auch zu einem Kampf von LGBTIQ+-Menschen für das Recht auf ein Kind geworden. In beiden Fällen haben Reproduktionskonzerne erlangte Freiheiten zu profitablen Geschäften gemacht.

Auf nationaler und globaler Ebene haben wachsende soziale Ungleichheiten die bevölkerungspolitischen Diskurse über demografische Ungleichgewichte zwischen dem Globalen Süden und dem Globalen Norden, zwischen verschiedenen ethnischen und sozialen Gruppen erneut beflügelt. Die Reproduktionsfähigkeit von Frauen und die Kontrolle über diese stehen wieder im Mittelpunkt von politischen Maßnahmen – im Globalen Norden ebenso wie im Globalen Süden.

Die Beitrage spannen einen Bogen von den Erfolgen feministischer NGOs bei der Durchsetzung sexueller und reproduktiver Gesundheit und Rechte bei den UNO-Konferenzen in Kairo und Beijing bis hin zu den Kämpfen gegen wiedererstarkende und neue Formen reproduktiver Gewalt und Ausbeutung.

Demografische Panik und Ethno-Nationalismus

Shalini Randeria

Demografische Panik und staatliche Bevölkerungspolitik sind untrennbar mit ethno-nationalistischen Agenden verbunden. So wie in der Vergangenheit gehen auch in der Gegenwart Vorstellungen über die optimale Größe und Zusammensetzung einer Nation stets mit Ängsten vor dem wie auch immer definierten „Fremden" einher. In den letzten beiden Jahrzehnten haben sowohl steigende Zuwanderung als auch niedrige Geburtenraten der eigenen Bevölkerung in vielen Ländern Europas eine „demografische Panik" ausgelöst. Diese beschreibt die Angst, den demografischen Wettlauf zu verlieren. Die als zu hoch empfundenen Geburtenraten der „Anderen" werden als Gefahr für die vermeintliche Kontinuität der „eigenen" Nation angesehen und daher vor allem in Osteuropa zu einer Angelegenheit der „demografischen Sicherheit" dieser gemacht.

Fragen der weiblichen Fertilität sind aber von jeher nicht nur mit kapitalistischen Wirtschaftsstrukturen oder Geopolitik verflochten, sondern auch mit Fantasien von Reinheit der Nation. Die darauf basierenden staatlichen Maßnahmen zur Regulierung von Fortpflanzung verbinden das Persönliche mit dem Politischen. Selbst unter der sanften Bezeichnung „Familienplanung" oder „Familienpolitik" geht es bei bevölkerungspolitischen Maßnahmen um das Planen der Familien von anderen Menschen. Ob Bevölkerungswachstum oder -rückgang – es waren immer nationale demografische Ängste, die eine entscheidende Rolle beim staatlichen Zugriff auf weibliche Körper spielten. Die Fertilitätsraten von ethnischen und religiösen Minderheiten, Migrant:innen oder sozial Schwachen sind seit dem 19. Jahrhundert ein Politikum. Damals fanden eugenische Agenden Eingang in Diskurse über die Erhaltung oder Verbesserung der Qualität oder Reinheit der eigenen Nation oder „Rasse"[1]. Bei jedem Versuch, eine optimale nationale Bevölkerungsgröße zu erreichen, geht es um eine Gegenüberstellung eines vorab definierten „Wir" und eines „die anderen". Sobald Größe und Zusammensetzung des politischen Körpers (body politic) an Körperpolitik (body politics) gebunden sind, werden Fragen von Nationalismus, Einwanderung, Staatsbürgerschaft und Geschlecht unweigerlich mit staatlicher Reproduktionspolitik verknüpft.

„Reinheit" der Nation, Geopolitik und demografische Sicherheit

Derzeit stehen in vielen Teilen der Welt zahlreiche Errungenschaften im Bereich der reproduktiven Rechte, die wir vormals für gesichert hielten, unter massivem Beschuss. In Polen, der Türkei, den USA (wo kurz vor Drucklegung der Oberste Gerichtshof Roe v. Wade aus 1973 aufhob) und in Teilen Lateinamerikas wird das Recht von Frauen auf Abtreibung oder Empfängnisverhütung beschnitten. Gleichzeitig gelang es feministischen Bewegungen etwa in Irland und Argentinien in den letzten Jahren, die Abschaffung des Totalverbotes von Abtreibung durchzusetzen. Dennoch bleibt es ein Privileg relativ weniger Frauen in ausgewählten Ländern dieser Welt, dieses Recht tatsächlich in der Praxis für sich zu beanspruchen.

Gesellschaftliche Stellung und ethnische Herkunft spielen nicht nur bei der Ausübung von reproduktiven Rechten eine Rolle. In vielen Gesellschaften werden die Grundrechte von Frauen immer noch nicht als solche anerkannt. In anderen Gesellschaften, einschließlich den meisten westeuropäischen Demokratien, werden Bürger:innen und Nicht-Bürger:innen in Bezug auf ihre reproduktiven Rechte unterschiedlich behandelt. Migrant:innen sowie Asylsuchende werden beim Thema Reproduktion oft diskriminiert, etwa durch familienrechtliche Regelungen in Bezug auf

Aufenthalt, Staatsbürgerschaft, Arbeit oder die familienpolitische und rechtliche Behandlung von Kindern.

Die im demografischen Diskurs verwendeten Kategorien wie Nation, „Rasse", „Ethnische Reinheit" sind genauso wenig neutral und objektiv wie die dabei präsentierten Zahlen. Auf nationaler wie globaler Ebene gehen stets qualitative eugenische Überlegungen mit Annahmen von optimalen Bevölkerungsgrößen Hand in Hand. Seit der Kolonialzeit ist Bevölkerungspolitik von der Angst vor wirtschaftlichem und politischem Machtverlust aufgrund demografischer Ungleichgewichte beherrscht. Länder des Globalen Südens waren und sind daher Ziel internationaler bevölkerungspolitischer Interventionen. Zahlreiche ehemalige europäische Kolonien galten bis zu ihrer Entkolonisierung Mitte des 20. Jahrhunderts als „unterbevölkert" – so etwa die heute als „überbevölkert" geltende Demokratische Republik Kongo. Im damaligen Belgisch-Kongo wurde die Bevölkerung durch harsche Arbeitsbedingungen auf den Plantagen und in den Minen sowie neue von den Kolonialherren eingeschleppte Krankheiten reduziert. Die lokalen traditionellen Praktiken, durch lange Abstinenz und Stillzeiten nach der Geburt einen zeitlichen Abstand von zwei bis drei Jahren zwischen Schwangerschaften sicherzustellen, wurden daher von Missionaren, Ärzten und belgischen Frauenorganisationen aktiv bekämpft. Einheimischen Frauen wurde das Verhalten europäischer Mütter nahegelegt. Sie sollten sich nach der Geburt ihren Männern nicht enthalten. Um die Stillzeit zu verkürzen, wurde Flaschennahrung eingeführt. Erst nach der Entkolonialisierung ab Mitte der 1940er Jahre und dem Verlust der direkten politischen und wirtschaftlichen Kontrolle der europäischen Kolonialherren wurden die Länder des Globalen Südens als „überbevölkert" angesehen. Ihre Arbeitskräfte wurden nicht mehr im vorherigen Maße für die Ausbeutung natürlicher Ressourcen vor Ort gebraucht.

Seit den 1950er Jahren stecken US-Privatorganisationen wie die Ford- und Rockefeller-Stiftungen sowie internationale Organisationen wie der Bevölkerungsfonds der Vereinten Nationen (UNFPA) oder die International Planned Parenthood Federation (IPPF) enorme Geldsummen in die Verbreitung der Idee von „Kleinfamilien" westlicher Prägung in Afrika, Asien oder Lateinamerika. Bevölkerungskontrolle wurde als Lösung sämtlicher Probleme wie Armut, Umweltzerstörung sowie dadurch verursachter Migration propagiert.

Die jüngsten Programme der Bill & Melinda Gates Foundation zur Verteilung billiger Verhütungsmittel insbesondere in Afrika spiegeln diesen globalen Konsens immer noch wider. Auf der Londoner Familienplanungskonferenz, die 2012 von der Gates-Stiftung gemeinsam mit dem britischen Department for International Development (DFID[2]) veranstaltet wurde, sagten die reichen Länder insgesamt 2,6 Milliarden US-Dollar zu, um 120 Millionen armen Frauen und Mädchen bis 2020 Zugang zu Verhütungsmitteln zu verschaffen. Was wie ein wichtiger Schritt zur Ermächtigung von Frauen und zur Stärkung ihrer reproduktiven Selbstbestimmung wirkt, lässt eine entscheidende Wahrheit außer Acht: Wie jahrzehntelange Erfahrungen in vielen Ländern wie etwa Indien und Indonesien zeigen, ist ein nicht von guten Basisgesundheitsdiensten flankierter bürokratischer Apparat zur reinen Fertilitätsüberwachung und Verteilung von Verhütungsmitteln höchst problematisch. Denn Programme wie das der Gates-Stiftung sprechen zwar von „reproduktiven Rechten" von Frauen, reduzieren diese jedoch lediglich auf Senkung der Geburtenrate. Hierzu werden Langzeit-Kontrazeptiva verabreicht, die von den Frauen selbst nicht abgesetzt werden können. Anstatt in Gesundheit und Bildung zu investieren sowie höhere Beschäftigung und Eigentumsrechte von Frauen durchzusetzen, wird suggeriert, dass ihre gesellschaftliche Stellung allein durch Versorgung mit Verhütungsmitteln verbessert werden kann.

Die Politisierung und Instrumentalisierung von Reproduktion ist eine immer wiederkehrende Herausforderung im Kampf um die reproduktive Selbstbestimmung von Frauen. Gegenwärtig erleben wir eine soziale Reproduktion von Rechtlosigkeit aufgrund stärker werdender neo-malthusianischer Bedenken, dass „Überbevölkerung" in den armen Ländern eine Bedrohung für die „Tragfähigkeit" der Erde und die Ursache von Klimakrise, allgemeiner Wasserknappheit und Hungersnöten sei. In den reichen Ländern wiederum erstarken migrantenfeindliche, ethno-nationalistische und eugenische Bestrebungen, die Größe der „eigenen ethnisch reinen Bevölkerung" zu steigern. Immer sind es die Frauen, die dabei die Bürde zu tragen haben, um die „demografische Sicherheit" und die Erhaltung nationalistischer sowie globaler Machtstrukturen zu gewährleisten. Auch deshalb muss nach wie vor der feministische Kampf für reproduktive Frauenrechte und Autonomie transnational sein.

Literatur
Randeria, Shalini (2018): Demographic Bulimia. In: IWMpost 122, Fall/Winter, 12–13.
Randeria, Shalini (2014): Überzählig sind immer die Anderen. Staatliche Bevölkerungskontrolle, Ressourcenknappheit und Wirtschaftswachstum im Spannungsfeld der Nord-Süd-Beziehungen. In: Glättli, Balthasar und Niklaus, Pierre-Alain (Hrsg.): Die unheimlichen Ökologen – Sind zu viele Menschen das Problem? (Zürich: Rotpunktverlag), 69–86.

1 Eugenische und nationalistische Diskurse verwenden oft nach wie vor explizit den Begriff „Rasse". Daher behalte ich ihn in diesem Zusammenhang bei.
2 Wurde 2020 in Foreign, Commonwealth & Development Office (FCDO) übergeführt.

Zwangssterilisationen in Peru
Der lange Kampf um Gerechtigkeit
Alejandra Ballón Gutiérrez

Schon 1991, nur wenige Monate nach Amtsantritt, rief der peruanische Präsident Alberto Fujimori die „Dekade der Familienplanung" aus. Bei der Vierten Weltfrauenkonferenz in Beijing 1995 erklärte er, dass seine Regierung entschieden habe, im Kampf gegen die Armut eine umfassende Familienplanungsstrategie durchzuführen. Diese solle den massiven Mangel an Informationen und Gesundheitseinrichtungen beenden. Es war sein Versuch, die starken feministischen Organisationen seines Landes auf seine Seite zu bringen, war er doch in Peru wegen der fortschrittlichen UNO-Frauenrechtssprache vonseiten der Katholischen Kirche unter Druck. Aber auch vierstellige Inflationszahlen und der bewaffnete Konflikt mit der Guerrilla-Organisation „Leuchtender Pfad" setzten ihm zu.

Im Gegensatz zur progressiven Rhetorik wurde sein „Nationales Programm zu Reproduktiver Gesundheit und Familienplanung" (PNSRPF) das aggressivste und massivste Bevölkerungskontrollprogramm des 20. Jahrhunderts in den Amerikas. Zwischen 1996 und 2000 wurden mindestens 272.000 Frauen und 22.000 Männer aus den ärmsten Regionen Perus zwangssterilisiert – ohne genaue Information, ohne ihre eindeutige Zustimmung, und ohne entsprechende medizinische (Nach-)Versorgung. Im Rahmen des Programms wurden die Grund- und Menschenrechte vor allem jener verletzt, die über sehr knappe wirtschaftliche Ressourcen verfügen: indigene Frauen und Kleinbäuerinnen.

Massive internationale politische und finanzielle Unterstützung erleichterte die Umsetzung des Programms. So wurde mit dem UNO-Bevölkerungsfonds UNFPA genauso kooperiert wie mit

USAID, der US-Agentur für Internationale Entwicklung. Diese hatten sich Bevölkerungskontrolle auf die Fahnen geschrieben, in Einklang mit der Bevölkerungs- und nationalen Sicherheitspolitik der USA. Grundlage dafür war der „Kissinger-Bericht" von 1974, der aus Sicherheitsgründen und für den besseren Zugang zu Rohstoffen aggressive Bevölkerungskontrolle in Entwicklungsländern propagierte.

Die Regierung Fujimori verstand Familienplanung als Werkzeug zur wirtschaftlichen Entwicklung. Diese neo-malthusianische

Gesundheitspolitik instrumentalisierte die Körper der indigenen Frauen für die Wirtschaftspolitik (wie schon in anderen Teilen der Welt seit den 1950er Jahren): Eine Verringerung der Bevölkerung werde das BIP pro Kopf erhöhen; so könne man das Wirtschaftswachstum erreichen, das sowohl die Regierung als auch die internationalen Organisationen anstrebten. Der Förderung der Gesundheit oder der reproduktiven Rechte schenkten diese wenig Beachtung und noch weniger Respekt. Um ihre Wirtschaftsziele zu erreichen, forcierte die peruanische Regierung die Anwendung moderner Empfängnisverhütungsmethoden für Frauen (meist unter Zwang): Sterilisation und Intrauterinpessare/Spiralen. Diese waren gratis, während andere wichtige und breit nachgefragte Dienstleistungen wie die Betreuung bei Schwangerschaft und Geburt weiterhin mit Kosten verbunden waren. Systematisch wurden „Sterilisationskampagnen" an „Klientinnen" durchgeführt, oft wurden Hunderte Frauen an einem einzigen Tag sterilisiert. Es gab „Tubenligatur-Festivals" (Festivales de Ligadura de Trompas). Zwischen 1995 und 1997 stieg die Anzahl der Zwangs-Tubenligaturen von 32.883 auf 109.689.

In vielen Fällen gaben die (Ehe-)Männer ihr Einverständnis für den Eingriff, ohne dass ihre Frauen zugestimmt hätten. Giulia Tamayo, allzu früh verstorbene Pionierin der Aufarbeitung des Skandals der Zwangssterilisationen, meinte dazu: „Frauen sind nicht Subjekte, sondern Gebärmütter, die unter Kontrolle gebracht werden müssen."

Das durch Fujimori vorgeschobene Argument der Armutsbekämpfung wurde zur Bekämpfung der Armen und nicht ihrer Armut: Zahlreiche Frauen mussten wegen der negativen postoperativen Folgen ihre Arbeit wechseln oder verloren sie. Den physischen Anstrengungen der Arbeit in der Landwirtschaft oder am Webstuhl waren sie nicht mehr gewachsen. Damit gerieten sie –

statt aus der Armut – in finanzielle Abhängigkeit von ihren Männern. Viele entschieden sich, in die Stadt zu migrieren. Postoperative Folgen waren der Verlust der Libido und/oder Schmerzen beim Sex, was zu Eheproblemen bis hin zu Trennungen führte. Und viele der zwangssterilisierten Frauen wurden als „leichte Mädchen" gesehen, da sie nicht mehr schwanger werden konnten. In meiner Forschung habe ich nur selten Fälle gesehen, wo das (Ehe-)Paar nach dem Eingriff ein gutes Leben weiterführen konnte.

Mit der Zunahme der Zwangssterilisationen wuchs auch der Widerstand. Die schwerwiegenden Anklagen und Beweise, die an die Öffentlichkeit drangen, der Druck feministischer Organisationen und internationaler Geldgeber veranlassten das Gesundheitsministerium 1998 zu Reformen im Bereich der reproduktiven Gesundheit. Dennoch kam es bis mindestens 2001 weiterhin zu Zwang und Missbrauch. Erst 2015 – nach weiteren Protesten von Opfern und Zivilgesellschaft – rief Präsident Ollanta Humala ein Register der Opfer der Zwangssterilisationen (REVIESFO) ins Leben. Es enthält mittlerweile mehr als 8.000 Namen, aber immer noch gibt es keine Entschädigungszahlungen. Und ein Vierteljahrhundert hat der hartnäckige Kampf um Gerechtigkeit und Wahrheit gedauert, bis im Dezember 2021 endlich das Strafverfahren gegen Alberto Fujimori und seine Gesundheitsminister wegen der Zwangssteriliationen eröffnet wurde.

Literatur
Ballón Gutiérrez, Alejandra (compilación e investigación) (2014): Memorias del caso peruano de esterilización forzada.
academia.edu/37537715/memorias_del_caso_peruano_de_esterilización_forzada

Das Quipu-Projekt

Es hat Jahre gedauert, bis die Erfahrungen eines Teils der von 1996–2000 zwangssterilisierten Peruaner:innen die Öffentlichkeit erreichten. Das Quipu-Projekt hat ihnen ab 2015 mit seiner innovativen Methode die Möglichkeit gegeben, ihre Berichte anonym und in ihrer Muttersprache abzugeben. Mittels einer speziell entwickelten Telefonleitung – direkt an die Website angeschlossen – werden die Geschichten von Betroffenen auf Spanisch und Englisch gespeichert. Die meisten der Frauen und Männer sind aus indigenen Gemeinschaften, d. h. sie sprechen Quechua, Aymara, Shipibo u. a., aber kaum Spanisch. In einer auf der Website abrufbaren Dokumentation sind die Erzählungen – auch über die Suche nach Gerechtigkeit – zu hören:

interactive.quipu-project.com/#/es/quipu/intro;
interactive.quipu-project.com/#/en/quipu/listen

Ulrike Lunacek

Kein Schritt zurück
Erfolge der UN-Konferenzen der 1990er Jahre
Gloria Careaga Pérez

Die 1990er Jahre galten als das Jahrzehnt der Frauen, gerade wegen der Fortschritte, die von und für Frauen auf den von den Vereinten Nationen einberufenen internationalen Konferenzen in diesen Jahren gemacht wurden. Eine wichtige Errungenschaft war die Diskussion über sexuelle und reproduktive Gesundheit, die 1992 auf der Umweltkonferenz in Brasilien begann. Danach wurden bei der Menschenrechtskonferenz 1993 in Wien erstmals Frauenrechte als Menschenrechte offiziell anerkannt und in den beiden darauffolgenden Jahren bei den UNO-Konferenzen in Kairo und Beijing zentrale Weichen für die kommenden Jahre gestellt.

UNO-Konferenz über Bevölkerung und Entwicklung (ICPD), Kairo, 1994

Die intensivsten Diskussionen über reproduktive Rechte fanden auf der Internationalen Konferenz über Bevölkerung und Entwicklung 1994 in Kairo statt. Das in vorangegangenen Konferenzen festgelegte bevölkerungspolitische Ziel, die Geburtenzahlen in Ländern mit hohen Geburtenraten drastisch zu reduzieren, war trotz enormen Mitteleinsatzes und trotz Zwangssterilisationen und anderer nicht mit der Selbstbestimmung der Frauen zu vereinbarenden Methoden zur Empfängnisverhütung nicht zu erreichen gewesen. Der Slogan „Die Kleinfamilie lebt besser" diente in vielen Ländern zwar als Propaganda, die Maßnahmen wurden den realen Bedürfnissen von Frauen jedoch nicht gerecht und trugen weder zu Armutsreduktion noch zu besserer Nahrungsversorgung bei.

Daher rief die ICPD 1994 dazu auf, die in den zwei Jahrzehnten zuvor getroffenen Maßnahmen zu hinterfragen und neue Vorschläge zu unterbreiten, die näher an der Realität waren und zu tatsächlichen Problemlösungen beitragen konnten. Feministische Netzwerke legten Daten über die Verletzung der reproduktiven Rechte von Frauen vor, vor allem in der indigenen und ländlichen Bevölkerung, und forderten nachdrücklich deren Verankerung im Aktionsprogramm. Dies gelang und markierte einen fundamentalen Bruch mit den bisherigen Sichtweisen und Praktiken in der Bevölkerungspolitik: Nicht mehr die Reduktion der Geburtenzahlen, sondern reproduktive Gesundheit und reproduktive Rechte rückten in den Vordergrund von Bevölkerungspolitik.

Eine weitere wichtige Errungenschaft der Bevölkerungs- und Entwicklungskonferenz war die konsequente Einbeziehung der Geschlechterperspektive bei der Festlegung und Umsetzung staatlicher Maßnahmen, was trotz heftiger Kontroversen und massiver Ablehnung konservativer Kreise durchgesetzt werden konnte. Wahrscheinlich hatte die Idee, dass die Einbeziehung von Frauen einen wichtigen Beitrag zur Armutsbekämpfung – und damit zur Entwicklungspolitik – leisten kann, die größte überzeugende Kraft und ermöglichte es, Entwicklung mit reproduktiven Rechten und mit dem Recht auf (sexuelle) Gesundheit von Frauen zu verknüpfen.

Vierte Weltfrauenkonferenz in Beijing, 1995

Feministinnen, viele von ihnen zufrieden mit den in Kairo erzielten Fortschritten, peilten vor und während der vierten Weltfrauenkonferenz eine umfassendere und tiefgreifendere Transformation der Garantien für die schon verankerten Frauenrechte an. Die Empfehlungen der Aktionsplattform sind entsprechend sehr ehrgeizig ausgefallen. Zwar fand das Aktionsprogramm die Zustimmung vieler Regierungen, doch zeigen die alle fünf Jahre stattfindenden Bewertungen der Erfolge und Misserfolge immer wieder, dass noch viel zu tun ist. Dies ist wohl neben der Gefahr eines massiven Rückschritts mit ein Grund, warum es seit damals weder eine neue UN-Bevölkerungs- und Entwicklungs- noch eine weitere Frauenkonferenz gegeben hat.

Die umstrittensten Themen in Beijing waren sexuelle Rechte und sexuelle Orientierung. Zwei informelle Arbeitsgruppen benötigten bis in den Morgen des Tages nach Abschluss der Konferenz für ein Ergebnis. Ein Delegierter sagte, er habe noch nie an einem so intensiven Seminar teilgenommen, aber am Ende konnte er Klarheit über alle Fragen gewinnen.

Die „sexuellen Rechte" konnten zwar nicht als solche formuliert werden, doch das Recht auf Kontrolle über die Sexualität wurde als Menschenrecht anerkannt. Auch wenn hier Sexualität nicht von Fortpflanzung getrennt wird, gibt es meines Erachtens wichtige spezifische Aspekte, die der ursprünglichen Absicht der Feministinnen entsprechen: eine Sexualität frei von Zwang, Diskriminierung und Gewalt. Ebenso wurden die Achtung der körperlichen Unversehrtheit und die Notwendigkeit des Einverständnisses zu sexuellen Handlungen verankert.

Die „sexuelle Orientierung" schaffte es am Ende der Konferenz – wie auch in Kairo – nicht in den Schlusstext. Dennoch wurde durch zahlreiche Aktivitäten[1] die Tür zur Sichtbarkeit von Lesben im internationalen Raum geöffnet.

Schlussfolgerungen

Diese UN-Konferenzen stellten wichtige Herausforderungen für die internationale feministische Bewegung dar und ermöglichten die Entwicklung von Strategien, mit denen nach Ende der Konferenzen erfolgreich Druck auf die verschiedenen Regierungen ausgeübt werden konnte. Damit gelangen tiefgreifende gesetzliche

Änderungen zur Besserstellung von Frauen im Bereich der sexuellen und reproduktiven Gesundheit und Rechte. Dies trug zu stärkerer Verankerung von Frauenrechten und zu sozialem Wandel bei.

Doch es braucht noch mehr: Die Geschlechterperspektive in das (reproduktive) Gesundheitswesen, in damit verbundene Rechte und in Entwicklung allgemein einzubringen, erfordert eine umfassende Analyse des sozialen, wirtschaftlichen, kulturellen Umfelds, in dem sich Beziehungen zwischen Frauen und Männern abspielen – und nicht nur in Bezug auf die reproduktive Phase. Wir sollten daher damit beginnen, konkrete Vorstellungen von Mädchen und Burschen über Mutterschaft und Vaterschaft zu analysieren, und genauso die Bedeutung, die Sexualität für Männer und Frauen in den unterschiedlichen Lebensphasen hat, die Faktoren, die ihre reproduktiven Entscheidungen beeinflussen, und die Aufmerksamkeit, die sie ihrem Körper widmen. Dazu gehört auch mehr Aufmerksamkeit darauf, wie Modernisierung, Arbeitslosigkeit und größere Armut den Alltag der Menschen beeinflussen. Das alles würde ein besseres Verständnis des Reproduktionsprozesses und damit neue Denkrichtungen, Forschungsbereiche und Handlungsansätze ermöglichen.

Die erzielten Aktionsprogramme bleiben also eine Herausforderung für Regierungen. Die Erfolge haben jedoch auch heftige Reaktionen antifeministischer, konservativer und reaktionärer politischer Kräfte wie religiöser Fundamentalist:innen hervorgerufen. Gegenüber diesen bedrohlichen Angriffen auf Frauenrechte muss klar sein: Wir können und werden keinen einzigen Schritt zurück akzeptieren.

---

1   s. Artikel „Ein Lehrstück für die Welt", S. 119.

Reproduktionsmedizin
Bruchlinien im Feminismus
Gerda Neyer

Der Krieg in der Ukraine hat das Geschäft mit der assistierten Reproduktionstechnologie (ART) wieder ins allgemeine Bewusstsein gerückt: Bilder von Leihmüttern in Schutzräumen, schwanger oder mit Neugeborenen, die von den zahlenden Eltern nicht abgeholt werden können, erschüttern die Öffentlichkeit. Nachdem Indien 2015 die Leihmutterschaft für ausländische Paare verboten hat, wurde die Ukraine hier zu einem der beliebtesten Länder für verheiratete heterosexuelle Paare. International agierende Reproduktionskliniken offerieren alles, was ART zur Erfüllung des Wunsches nach dem perfekten Kind zu bieten hat: Geschlechtsbestimmung, Präimplantationsdiagnostik, phänotypische (ethnische oder körperbezogene) Auswahl der Eizellenspenderin, des Spermaspenders, der Leihmutter, Egg Freezing. Nationale Verbote oder Einschränkungen werden umgangen, indem die Kund:innen in andere Länder umgeleitet werden, die ART auch für Alleinstehende, LGBTIQs, nicht-verheiratete Paare oder das gewünschte Reproduktionsverfahren erlauben und wo Frauen zu niedrigen Kosten bereit sind, als Spenderinnen oder Leihmütter einer zahlungskräftigen Klientel zu dienen.

Feministinnen haben die Reproduktionsmedizin seit den ersten 1978 in England und Indien durch künstliche Befruchtung gezeugten Kindern unterschiedlich beurteilt. Schon früh warnten sie davor, dass ART Frauen nicht zu einer selbstbestimmten Mutterschaft verhelfe. Sie unterwerfe ihren Körper noch mehr der Kontrolle männlich dominierter Medizin und Technologie. Der Slogan „Mein Bauch gehört mir", der einst den Kampf um die reproduktive Selbstbestimmung beflügelt hat, ist längst zum Slogan des weltweiten Reproduktionsgeschäfts „Dein Bauch gehört mir" geworden. Andere Aktivistinnen hielten dagegen, dass erst ART Frauen vom Zwang zu gebären befreie. Sie erlaube ihnen, selbst zu bestimmen, wann, von wem und wie viele Kinder sie haben wollen. Die Bruchlinien zwischen beiden bestehen noch immer.

Eizellenspenderinnen und Leihmütter treten für die Zeit, in der sie als solche fungieren, alle Rechte über ihren Körper an ihre Vertragspartner ab. Sie sind zu allen Eingriffen (z. B. Abtreibung überzähliger Embryos bei Mehrlingsschwangerschaften oder bei Verdacht auf Fehlentwicklung) verpflichtet, damit den Eltern das ihnen versprochene perfekte Kind übergeben werden kann. Sie sind nur Lieferantinnen, tragen aber alle Risiken. Oft wird argumentiert, dass sich die Frauen freiwillig zur Verfügung stellen, weil ihre Tätigkeit ihre Zukunft und die ihrer Kinder sichere. Obwohl die Fortpflanzungsmaschinerie ein profitmaximierendes Geschäft ist, wird ART als altruistische Gabe zwischen Kinderlosen und ökonomisch bedürftigen Familienerhalterinnen präsentiert. Die Entschädigung (das Wort Lohn wird vermieden), die die Frauen für ihre Dienste erhalten, ist zwar deutlich höher als das, was sie mit regulärer Arbeit erwirtschaften können. In der Ukraine erhielt eine Leihmutter ca. das Dreifache eines durchschnittlichen Jahresgehalts für eine ausgetragene Schwangerschaft. Doch in keiner anderen Arbeit, außer Sexarbeit, ist der Körper der Frau selbst Teil der erbrachten Arbeit; in keiner anderen Arbeit ist ein Eingriff in den Körper vertraglich vorgeschrieben oder erlaubt. Weil Eizellspenderinnen und Leihmütter keinen Lohn erhalten, unterliegen sie im Allgemeinen auch keinen arbeits- oder sozialrechtlichen Regelungen. Absicherungen für ihre Zukunft oder die ihrer Kinder, falls sie durch Schwangerschafts- oder Geburtskomplikationen langfristig beeinträchtigt sind oder gar sterben, sind nur in einzelnen Ländern vorgeschrieben oder Standard. Die Leugnung der

Arbeit von Leihmüttern und Eizellspenderinnen als Erwerbsarbeit reiht sich ein in die jahrhundertealte Abwertung von Frauenarbeit und Mutterschaft als Arbeit aus Liebe zu anderen. Und die Vermarktung dieser Formen von ART als Hilfe spiegelt die kolonialistische Haltung gegenüber diesen Frauen wider: Ihr Körper ist Besitz und Eigentum anderer und die Ausnutzung von Ungleichheiten wird als Gleichheit im beiderseitigen Nutzen verkauft.

Die liberalen und postmodernen feministischen Befürworter:innen von ART betonen, dass erst diese die Selbstbestimmung über Reproduktion ermöglicht habe. Sie überwinde biologische Grenzen, hebe die heterosexuellen und geschlechtsfixierten Bedingungen von Fortpflanzung auf. Das Recht auf Familie, das auch in der Europäischen Menschenrechtskonvention verankert sei, beinhalte das Recht auf ein biologisch eigenes Kind und müsse allen offenstehen, unabhängig von reproduktiven Fähigkeiten, sexueller Orientierung oder Lebensgestaltung. Seit Social Egg Freezing, das Einfrieren von Eizellen aus nicht-medizinischen Gründen, 2012 in den USA erstmals erlaubt wurde, boomt das Geschäft mit der „eigenen Reproduktion". Internationale Konzerne und Reproduktionsinstitute preisen diese Technologie als neue feministische Strategie der Selbstbestimmung, Unabhängigkeit und Chancengleichheit in der Karriere an. 2020 boten fast 20 % der großen Firmen in den USA ihren Mitarbeiterinnen Social Egg Freezing an. Reproduktionszentren empfehlen es Frauen in ihren Zwanzigern, wenn die Eizellen die beste Qualität haben. Transmännern wird vor der Therapie ebenfalls dazu geraten und sogar schon im Teenageralter durchgeführt. Man verspricht Freiheit ohne biologische Beschränkung, das Wunschkind, wenn die Zeit reif, der:die „richtige" Partner:in gefunden (oder die Suche aufgegeben) ist, die Lebensziele erreicht sind. Doch die Chancen auf eine erfolgreiche Schwangerschaft in höherem Alter sind bei dieser Technologie sehr gering. So werden Social Egg Freezing und Leihmutterschaft zusammen ein Geschäftspaket von ART, bei dem Frauen, oft ohne sich dessen bewusst zu sein, schon vor der Empfängnis ihre Reproduktion global agierenden Reproduktionskonzernen übergeben. In der Mehrzahl der Länder weltweit ist ART samt Egg Freezing mittlerweile verfügbar. Beides wird oft als „empowerment of women" und Beitrag im Kampf gegen die Stigmatisierung unfruchtbarer Frauen legitimiert. Im Globalen Süden ist Infertilität meist auf schlechte gesundheitliche Versorgung, unsichere Abtreibungen und mangelnde Geburtenbetreuung zurückzuführen. In vielen Regionen der Welt sind Frauen, die keine Kinder (mehr) bekommen können, Diskriminierung, häuslicher Gewalt, Verstoßung und Ausgrenzung ausgesetzt. Dies auch dann, wenn die Kinderlosigkeit auf Zeugungsproblemen des Mannes beruht. Statt die Situation für Frauen zu verändern, wird ART als Lösung angeboten. Doch ART ist für die meisten Frauen in Niedriglohnländern unerschwinglich. Rechtliche Regulierungen fehlen oft ebenso wie die Qualitätskontrolle der Reproduktionszentren. So können auf Kosten dieser Frauen Erfahrungen mit im Norden untersagten Verfahren gesammelt werden, z. B. kostengünstigere Therapien, Behandlungen in höherem Alter (über 45), Transfer von mehreren Embryos. Ohne Zustimmung der Frauen werden Eizellentnahmen zum Ausbau von kommerziellen Eizelldatenbanken genutzt, um für Kund:innen den genetischen Pool für phänotypische Selektion zu erweitern oder die Forschung voranzutreiben.

Feministinnen betonen, dass die Utopie der Befreiung von reproduktiven Zwängen und selbstbestimmter Mutterschaft durch ART und ihre Vermarktung nicht eingelöst wird. Vielmehr können Frauen noch mehr unter Druck gesetzt werden, die Wünsche anderer nach Reproduktion und Produktivität in deren Sinne zu erfüllen. Die gesellschaftlichen Verhältnisse der globalen Geschlechterungleichheit, der sozialen, medizinischen und patriarchal-männlichen Nutzung und Ausbeutung von Frauen werden nicht verändert, sondern sogar verstärkt.

Individuell mag ART Personen, die bislang keine Kinder bekommen konnten oder von Reproduktion ausgeschlossen waren, die Erfüllung eines Kinderwunsches ermöglichen. Wo Kinderkriegen aber als Kostenfaktor, als Verlust von Humankapital oder Einschränkung von Produktivität begriffen wird, können Frauen gedrängt werden, ihren Kinderwunsch über das Reproduktionsalter hinaus aufzuschieben oder in Leihmutterschaften auszulagern. Wo Unfruchtbarkeit von Frauen stigmatisiert oder als Makel empfunden wird, können diese zur Inanspruchnahme von ART gezwungen werden. Wo nationalistische, religiöse oder ethnische Überlegungen Reproduktion bestimmen, können Frauen zu Social Egg Freezing oder phänotypischer Wahl genötigt werden. Und wie zu Zeiten des Kolonialismus werden die Frauen „anderer" für den Nutzen der „eigenen" Frauen instrumentalisiert.

Literatur
Corea, Gena (1985): The mother machine: Reproductive technologies from artificial insemination to artificial wombs (New York: Harper & Row).
Neyer, Gerda; Bernardi, Laura (2011): Feminist perspectives on motherhood and reproduction. In: Historical social research 36(2), 162–176.
Rudrappa, Sharmila (2015): Discounted life: The price of global surrogacy in India (New York: New York University Press).
Wichterich, Christa (2018): Gekaufte Mutterschaft. In: Blätter für deutsche und internationale Politik 10(18), 113–119.

4.

Politik

Was ist feministische Politik aus globaler Perspektive betrachtet? Die Antwort darauf war einst einfach: Für liberale Feministinnen bildete die Repräsentanz von Frauen* in allen politischen Institutionen eine notwendige Voraussetzung für Gleichheit und geschlechtergerechte Veränderungen. Für marxistische und radikale Feministinnen war die Veränderung der strukturellen Verhältnisse eine unabdingbare Notwendigkeit für globale Gerechtigkeit und Gleichheit. Ob Politik „von oben" oder Politik „von unten", in beiden Fällen ging es um die Veränderung der Lebensbedingungen von Frauen, gegen Diskriminierung und Beschränkung ihrer Rechte, gegen die Unsichtbarkeit und das Verdrängen des Privaten und alles „Weiblichen" aus dem Bereich des „Politischen".

Die Analysen, Berichte und Reflexionen in diesem Kapitel zeigen, dass sich die Trennlinien zwischen den Feminismen verwischt haben, die Strategien und Argumentationen vielfältiger und intersektionaler, die Perspektiven breiter geworden sind, die Ziele sich jedoch nach wie vor gegen Unterdrückung, Ausgrenzung und Ausbeutung richten – und auch richten müssen. Sie zeigen die Mühen und Erfolge, feministische Inhalte in nationaler, internationaler und transnationaler Politik zu verankern, die Veränderungen und Erweiterungen feministischer Sichtweisen, Positionen und Aktionen und die Notwendigkeiten, Frauen, Körper und Diversität sichtbar zu machen und sich gegen jede Verdrängung aus dem öffentlichen Raum zu wehren.

Geschlechterpolitik in der Entwicklungspolitik

Christa Wichterich

Das Thema Geschlechterpolitik ist seit den 1960er Jahren ein hart umkämpftes Terrain in der Entwicklungszusammenarbeit – von der Ausleuchtung blinder Flecken über eine Hochkonjunktur in den 1980er/1990er Jahren bis zu einer *gender fatigue* und neuen Kämpfen gegen Antifeminismus.

Über ein Jahrzehnt bevor die Frauen*solidarität zur Welt kam, stellte die dänische Agrarökonomin Ester Boserup die Weichen dafür, dass Geschlechterungleichheit zu einem entwicklungspolitischen Thema wurde. Sie sah die Ursache für das Scheitern von landwirtschaftlichen Projekten in Afrika darin, dass die Entwicklungspolitik die zentrale Rolle von Frauen als wirtschaftliche Akteurinnen bei Modernisierungsmaßnahmen ignorierte. Boserups Schluss, dass Frauen in die moderne Entwicklung integriert werden müssten, war die Leitplanke für Generationen von Entwicklungsexpert:innen.

Frauenförderung mit Deckchensticken, Hühnerzucht und Gemüseverkauf sollte zu Gleichstellung führen, war aber gleichzeitig Mittel zum Zweck, Frauen in den 1970er Jahren zu Schlüsselgestalten in der Armutsbekämpfung, bei der Befriedigung von Grundbedürfnissen, bei Ernährungs- und Existenzsicherung wie auch bei der gewünschten Reduktion des Bevölkerungswachstums zu machen. Dabei war die Grundannahme, dass Frauen im Globalen Süden Mängelwesen wären, Opfer anderskultureller, übler patriarchaler Verhältnisse, die ihnen Bildung und politische Partizipation, Beschäftigung und Technologie, Gesundheit und Selbstständigkeit vorenthielten. Die Maßstäbe für die Vermessung der Defizite und Rückständigkeit waren einerseits die industrialisierten westlichen Nachkriegsökonomien, andererseits der Mann.

Damit wurde Frauen eine doppelte Funktion zugewiesen: für nachholende Entwicklung und für nachholende Emanzipation. Das bestätigte den Vorsprung und die Überlegenheit des Westens, der durch das postkoloniale Projekt der „Entwicklungshilfe" die Länder und die Frauen auf den gleichen Entwicklungspfad wie den westlichen befördern wollte.

In den 1980er Jahren wurde der Inklusionsansatz Women in Development (WID) zum Gender-and-Development-Konzept (GAD) weiterentwickelt, das Machtverhältnisse zwischen den Geschlechtern in den Blick nehmen wollte. Integration und Partizipation wurden zum Gender-Mainstreaming technokratisiert und Herrschaftskritik wurde weichgespült. WID und GAD hatten gemeinsam, dass sie die Entwicklungsperspektive, die durch Handelspolitik, Verschuldung und multinationale Großunternehmen vorgegeben wurde, nicht infrage stellten, sondern Frauen darin einpassten. Beide blieben einer zweigeschlechtlichen Schablone verhaftet und tendierten dazu, andere Ungleichheitssysteme wie Klasse, *race*/Ethnizität, Herkunft und Religion in ihrer Wirkkraft ebenso unterzubewerten wie Unterschiede und Ungleichheiten unter Frauen und unter Männern.

Im Gegensatz zur Viktimisierung zielte der Empowerment-Ansatz darauf ab, die Arbeit, Leistungen und Kämpfe von Frauen aufzuwerten, damit sie selbst durch einen Zuwachs an Rechten, Ressourcen und Respekt eine Machtposition in Ungleichheitsverhältnissen aufbauen konnten. Von den Frauenbewegungen des Westens gingen mit dem Menschen-/Frauenrechtsparadigma, das sie auf die Agenda der UN-Weltfrauenkonferenzen setzten, wichtige Impulse für Empowerment aus. Internationale Solidarität funktionierte damals auf Grundlage der unterstellten Kollektividentität „Frau" über alle Differenzen hinweg.

Die Weltbank spitzte ihre alte Forderung, dass Frauen als Humankapital und Ressource nicht „un-" oder „untergenutzt" bleiben dürften, 2007 mit der flotten Definition von Geschlechtergleichheit als „smart economics" zu. Das Ziel ist zuallererst Wachstumssteigerung. In Partnerschaft mit UN-Institutionen unterstützten Großkonzerne von Coca Cola bis ExxonMobil Frauenförderung im Business durch „Womenomics"-Training und Kredite. Aus feministischer Perspektive wird diese Offensive der Frauenfreundlichkeit kritisiert, weil sie mehr der Effizienz- und Profitmaximierung als der Einlösung von Rechten dient. Mit dem marktzentrierten Ansatz knüpft die Entwicklungspolitik den „Traum von Frauenbefreiung […] an die kapitalistische Akkumulation"[1] und bedient sich der Überschneidung zwischen neoliberalen und feministischen Zielen wie eigenständige Existenzsicherung, Selbstbestimmung, individuelle Unabhängigkeit.

Der Bezug auf Frauenrechte wurde nicht nur für wirtschaftspolitische, sondern auch für geo-, außen- und sicherheitspolitische Zwecke genutzt. Die Militärintervention der USA in Afghanistan wurde mit dem Schutz von Frauenrechten legitimiert und damit als humanitärer und moralischer Einsatz und „gerechter" Krieg geadelt. Danach brachte die Entwicklungspolitik in Afghanistan die als universell geltenden Gleichstellungsmaßnahmen wie Frauenpartizipation in Parteien, einkommensschaffende Programme und Mikrokredite zum Einsatz – ungeachtet der spezifischen soziokulturellen und politischen Bedingungen im Land.

Im neuen Fokus auf LGBTIQ+-Personen spiegelt sich erneut die Zivilisationsmission der Entwicklungszusammenarbeit: Nachdem westliche Nationen ihren Bezug auf diese lange diskriminierten Gruppen endlich liberalisiert haben, gelten illiberale homophobe Regime im Globalen Süden als rückständig und LGBTIQ+-freundliche Programme als Zeichen moralischer Überlegenheit.

Mit einem anti-essentialistischen und anti-universalistischen Tenor haben kürzlich Schwarze Feministinnen westliche Konzepte neu ausgerichtet, so z. B. das Konzept von reproduktiven und sexuellen Rechten hin zu reproduktiver Gerechtigkeit. Statt auf den Rechtsansatz als gemeinsamem Horizont fokussiert das Konzept mit intersektionalem Anspruch auf bestehende Ungleichheiten in den Reproduktionsbedingungen und -kämpfen. Die postkoloniale Perspektive ist immer auch Aufforderung zur Dekolonisierung durch strukturelle und persönliche Veränderungen. D. h. die eigene Involviertheit in eurozentristische Denk- und Herrschaftstraditionen und in die Reproduktion von Ungleichheitsstrukturen muss mitreflektiert werden[2].

Literatur

Boserup, Ester (1970): Women's role in economic development. (London: Earthscan).

Wichterich, Christa (2007): Transnationale Frauenbewegungen und Global Governance fu-berlin.de/sites/gpo/int_bez/globalisierung/Transnationale_ Frauenbewegungen/wichterich.pdf (Zugriff am 26.05.2022).

World Bank (2007): Gender and equality as smart economics. Action Plan 2007–2011. Washington.

1   Fraser, Nancy (2009): Feminismus, Kapitalismus und die List der Geschichte. In: Blätter für deutsche und internationale Politik 8, 43–57.
2   Dhawan, Nikita (2009): Zwischen Empire und Empower. Dekolonisierung und Demokratisierung. In: Femina politica 2, 52–63.

Feministische Körperpolitik

Wendy Harcourt

Globale Körperpolitik bringt das Intime, Private und Persönliche in die Öffentlichkeit, um die Rechte des geschlechtlichen Körpers *(gendered body)* geltend zu machen. Sie bricht mit den Normen, gemäß derer sich Frauen zu verhalten haben. Sie rührt an Tabus, aufgrund derer bisher ungestraft gegen den als „abnorm" angesehenen Körper vorgegangen werden konnte. Globale Körperpolitik vereint die Kämpfe und Forderungen marginalisierter Gruppen auf der ganzen Welt, die von Protesten gegen Frauenmorde, Vergewaltigung und sexuelle Belästigung bis hin zu Aktionen für das Recht auf Abtreibung, sexuelle Wahlfreiheit und Zugang zu Verhütung reichen. Diesen Forderungen liegt eine Ablehnung der herrschenden Geschlechterordnung zugrunde, die die wirtschaftlichen, gesellschaftlichen und kulturellen Diskurse ebenso bestimmt wie das biomedizinische Verständnis des Körpers in Reproduktion, Sexualität und Gesundheit.

Die globale Körperpolitik im entwicklungspolitischen Kontext entstand in den 1990er Jahren, als feministische Aktivist:innen begannen, sich auf UN-Konferenzen für sexuelle und reproduktive Rechte einzusetzen. Transnationale Feministinnen beteiligten sich aktiv an den Auseinandersetzungen um Reproduktion und Sexualität im Kontext von Gender und Entwicklung. Sie haben dabei die tief verwurzelten Machtverhältnisse herausgefordert, die den Ungleichheiten in Bezug auf Reproduktion, Gender und Sexualität zugrunde liegen. Sie brachten körperpolitische Anliegen wie Gewalt in der Partnerschaft, Vergewaltigung als Kriegswaffe, Verweigerung sexueller Gesundheit und Rechte, sexuelle Unterdrückung, die Notwendigkeit eines weltweiten Zugangs zu Gesundheitsversorgung sowie die Beendigung der Diskriminierung

114

aufgrund von *race*/Ethnie, sexueller Orientierung, Alter und Behinderung in die Arena der Vereinten Nationen.

Seit den 1990er Jahren haben feministische Körperpolitik-Aktivistinnen immer mehr Raum für Geschlechtergleichstellung, sexuelle und reproduktive Gesundheit und Rechte sowie intersektionale Gerechtigkeit geschaffen. Ein Teil dieser anwaltschaftlichen Arbeit wurde institutionalisiert, wodurch feministische Anliegen zu Gender, Körper und *race*/Ethnie in formelle politische Strukturen einflossen. Dank derer stehen rechtliche Unterstützung und Mittel für die sexuelle und reproduktive Gesundheit und Rechte von Frauen zur Verfügung. Diese Maßnahmen beseitigten teilweise Stigmata und Beschränkungen, die dem weiblichen Körper auferlegt wurden, beispielsweise in Bezug auf die freie Wahl der Verhütungsmethode, besonders sichere Abtreibung, Zugang zu sexueller Bildung, Enttabuisierung der weiblichen Lust und Menstruation.

Motor dieser Veränderungen in der Körperpolitik waren feministische Aktionen auf der Straße; parallel dazu widmeten sich Frauengruppen auch der Macht und dem Wissen über den Körper. Feministische Aktionen haben die patriarchal geprägten Machtverhältnisse zwischen den Geschlechtern verändert und Aspekte der Unterdrückung in den intimsten Lebensbereichen von Frauen sichtbar gemacht, insbesondere von marginalisierten Frauen, über deren Körper nach wie vor entscheidende politische Kämpfe um Gesundheit und Sexualität ausgefochten werden.

Einige wichtige Aktionen bestanden darin, den eigenen Körper einzusetzen, um sich gegen die unsichtbar machende geschlechterbedingte Unterdrückung aufzulehnen und die Selbstbestimmung von Frauen einzufordern. Nacktproteste werden von Frauen in den unterschiedlichsten Teilen der Welt genutzt, um die Öffentlichkeit auf ihre verschiedenen politischen Forderungen aufmerksam zu machen. Nacktproteste versuchen, die Norm, dass weibliche Nacktheit mit kultureller und gesellschaftlicher Scham einhergeht, umzukehren. Mittels subversiver Nacktheit setzen Frauen ihren Körper ein, um Unterdrückung aufzuzeigen und Rechte einzufordern. Durch das Zurschaustellen ihrer Körper stören Frauen den öffentlichen Raum und verwandeln ihre Vulnerabilität in Auflehnung und Forderungen nach Wandel. So nutzten beispielsweise Kriegswitwen in Liberia Nacktproteste als Mittel, um ihre politischen Forderungen nach wirtschaftlicher Entschädigung sichtbar zu machen. Im Mai 2014 marschierten sie zum Kapitol in Monrovia und entblößten sich aus Protest gegen die ausbleibenden Witwenpensionen. Dieser Protest führte zu einer breiten Berichterstattung in der Presse. Ihre Forderungen wurden im darauffolgenden Regierungsbudget erfüllt. 2016 zogen sich Frauen im Distrikt Amuru in Norduganda wegen eines Landstreits in Kampala vor dem Landminister und dem Innenminister bis auf die Unterwäsche aus und konnten dadurch ihre Landrechte durchsetzen. Feministische Aktivistinnen setzten Nacktproteste ein, um die Auswirkungen geschlechtsspezifischer Gewalt in Südafrika nach dem Ende der Apartheid sichtbar zu machen. Proteste an südafrikanischen Universitäten in den Jahren 2016 und 2017 machten auf den tief verwurzelten Rassismus und die geschlechtsspezifische Gewalt aufmerksam und zeigten die auf dem Campus und in anderen Bereichen des öffentlichen Lebens existierende Vergewaltigungskultur[1] auf.

In Europa und Nordamerika sind in den letzten Jahren Nacktproteste Teil feministischer Kampagnen, bei denen der Körper in politischen Performances eingesetzt wird. In Osteuropa begann die feministische Gruppe FEMEN ihre aktivistischen Kampagnen 2009 mit Oben-ohne-Protesten in Kiew/Kyïv (Ukraine). Laut ihrer Homepage finden mittlerweile auch in Frankreich, Spanien, Italien, der Türkei, Polen, Deutschland und Tunesien FEMEN-Proteste statt. Slutwalks – „Schlampenmärsche" – sind ein weiteres Beispiel für feministische Körperpolitik, die mediale Aufmerksamkeit erregen, um geschlechtsspezifischer Gewalt ein Ende zu bereiten. Die von Jugendlichen (Frauen, Männern und Transpersonen) organisierten Slutwalks fordern das Recht ein, dass sich alle Menschen so kleiden können, wie sie wollen. Nach dem ersten Protestmarsch in Toronto im Jahr 2011 ging die Bewegung in den Sozialen Medien mit Demonstrationen in Kanada und den USA, in Europa und Südafrika im ersten Jahr viral. In Lateinamerika ist der *Marcha de las Putas* Teil der „grünen Welle" im Kampf für das Recht auf Abtreibung und gegen Femizide.

Mit dieser Art von Protesten bringt die feministische Körperpolitik die geschlechtsspezifische Gesellschaftsordnung aus dem Lot und rückt durch den Einsatz des entblößten weiblichen Körpers Ungerechtigkeit und Gewalt ins Blickfeld. Solche Aktionen brechen mit den Normen, gemäß derer sich Frauen (und andere Geschlechtsidentitäten) zu verhalten haben und rühren an Tabus, aufgrund derer es Männern bisher möglich war, ungestraft gegen den weiblichen Körper vorzugehen. Menstruationsaktivismus ist eine weitere Form feministischer Körperpolitik, bei dem die Aufmerksamkeit auf eine bisher totgeschwiegene Form der Geschlechterungerechtigkeit gelenkt wird. Es gibt viele Beispiele dafür, wie Menstruationsaktivismus kulturelle, wirtschaftliche und gesellschaftliche Stigmata infrage stellt. Dazu zählen selbstorganisierte, frauenzentrierte Ansätze zum Thema Menstruation, die marginalisierten Frauen und Mädchen Raum geben und anerkennen, dass Frauen Kenntnis ihres eigenen Körpers haben müssen. Der weltweite Menstruationsaktivismus zielt darauf ab, Frauen und Mädchen als Einzelpersonen *und* als Kollektiv zu ermächtigen. Zu den Initiativen zählen Online- und Offline-Workshops über den alternativen

Umgang mit Menstruationsblutungen, visuelle und performative Kunst, Kunstausstellungen, Straßenaktionen, Websites und Soziale Medien. Ein Beispiel für eine großangelegte und erfolgreiche globale Kampagne ist die Kampagne zur Abschaffung der Steuer auf Menstruationsprodukte. Diese „Tamponsteuer" wurde 2004 in Kenia, 2015 in Kanada, 2018 in Malaysien, Indien und Australien abgeschafft; in Deutschland und Österreich wurde die Mehrwertsteuer auf Menstruationsprodukte 2020 bzw. 2021 gesenkt, in Schottland sind Menstruationsprodukte seit August 2022 gratis. Ein weiteres Beispiel ist Indien, wo es menstruierenden Frauen verboten ist, Hindutempel zu betreten. Menstruationsaktivistinnen bekämpfen diesen Brauch mit dem Argument, dass Frauen das Recht haben, über ihren Körper zu entscheiden und die Tempel zu betreten – in Kerala im Jahr 2018 waren sie damit erfolgreich.

Wie diese Beispiele zeigen, nutzt die feministische Körperpolitik den Körper als intimes Werkzeug des Protests gegen die Machtverhältnisse und stellt kulturelle, wirtschaftliche und gesellschaftliche Praktiken infrage. Körperpolitik bietet unterdrückerischen Methoden des Patriarchats, des Kapitalismus und des Kolonialismus auf komplexe Art und Weise die Stirn und ist mittlerweile weltweit Teil des feministischen Wissens und der feministischen Praxis.

Literatur
Ebila, Florence; Tripp, Aili Mari (2017): Naked transgressions: gendered symbolism in Ugandan land protests. In: Politics, groups, and identities 5(1), 25–45.
Gaybor, Jacqueline (2020): Everyday (online) body politics of menstruation. In: Feminist media studies 20(1), 1–16.
Harcourt, Wendy (2009): Body politics in development: Critical debates in gender and development (London: Zed Books).
O'Keefe, Theresa (2014): My body is my manifesto! SlutWalk, FEMEN and femmenist protest. In: Feminist Review 107, 1–19.
Young, Sandra (2020): Feminist protest and the disruptive address of naked bodies. In: Current writing: Text and reception in Southern Africa 32(2), 158–167.

1   Unter Vergewaltigungskultur (Rape Culture) werden gesellschaftlich verankerte Vorstellungen verstanden, die männliche sexuelle Aggression fördern und Gewalt gegenüber Frauen* unterstützen.

Ein Lehrstück für die Welt
Lesbische Sichtbarkeit in Beijing 1995[1]

Ulrike Lunacek

„Ich ersuche Sie eindringlich, diese Konferenz zu einer für *alle* Frauen zu machen, egal welcher sexuellen Orientierung", erklärt Beverley Ditsie, südafrikanische LGBTIQ-Aktivistin, am 13. September 1995 vor den versammelten Regierungs- und Staatschef:innen der 4. Weltfrauenkonferenz in Beijing, „denn Lesbenrechte sind Frauenrechte. Und Frauenrechte sind universelle, unveräußerliche, unteilbare Menschenrechte!" Die thailändische Aktivistin Anjana Tang Suvarnananda erinnert sich: „Wir sind jahrhundertelang auf die Seite geschoben und zum Schweigen gebracht worden. Aber endlich: Es gibt uns, klar und stolz und mit deutlichen Worten!" Und Rebeca Sevilla, peruanisch-holländische Menschenrechtsaktivistin, fügt hinzu: „Es war ein Lehrstück für die Welt: Wir sind überall!"

Gegen das „Leben in einer sexuellen Diktatur" spricht sich Sevilla bereits bei der UNO-Menschenrechtskonferenz 1993 in Wien aus; damals war sie Generalsekretärin der ILGA (damals International Lesbian and Gay Association). Den Rahmen dafür bietet das Tribunal „Gegen Gewalt gegen Frauen", Teil des NGO-Forums, gleich neben der UN-Hauptkonferenz. Sie kritisiert, dass es nur ein Modell für Frauen, nämlich Ehe und Mutterschaft, gibt. Und sie fordert das Recht, „in Würde leben zu können, frei in unseren Familien, mit unseren Söhnen und Töchtern, und dass wir uns als Lesben organisieren können".

Eine für Frauen weltweit zentrale Errungenschaft der Wiener UN-Konferenz wird die Festschreibung „Frauenrechte sind Menschenrechte". Darauf bauen Lesben aus aller Welt für die nächsten beiden Jahre – Ziel ist Beijing – ihre Strategie auf.

119

Bei der UN-Bevölkerungs- und Entwicklungskonferenz 1994 in Kairo werden einige Fortschritte erreicht, die die späteren Diskussionen in Beijing positiv beeinflussen.[2] Dazu zählen u. a. die Anerkennung verschiedener Familienformen und die Anerkennung der sexuellen Aktivität von Jugendlichen.

1995 kommt Beijing: „Wir hatten bei einer großen UN-Veranstaltung zum ersten Mal ein Dach über dem Kopf, es war ein Zelt", erinnert sich Rebeca Sevilla. Und, so Anjana Tang Suvarnananda: „Plötzlich hatten wir eine große Familie aus der ganzen Welt." Eine andere Aktivistin meint: „Es war wie Heimkommen!" Das „Lesbian Tent" zieht viele Frauen aus den unterschiedlichsten UN-Delegationen an, die herausfinden wollen, was „Lesbisch-Sein" überhaupt bedeutet. Gloria Careaga P. formuliert das Besondere der Situation: „Wir forderten den Status quo heraus, denn im allgemeinen Verständnis gehören Sexualität und Reproduktion zusammen – bei Lesben ist das aber nicht so."

Der Marsch durch das gesamte NGO-Forum am 5. September wird mit über 400 Frauen zu einer kraftvollen Demonstration gegen die patriarchale Ordnung. Der spanischsprachige Slogan „Soy lesbiana porque me gusta y me da la gana" (Ich bin Lesbe, weil es mir gefällt und ich Lust drauf habe) ist der Sprechgesang, der weit und oft zu hören ist. Eine „sehr laute, sehr glückliche Kundgebung mit der klaren Botschaft ‚Lesbenrechte sind Menschenrechte'", erinnert sich Julie Dorf, Gründungsdirektorin von Outright International. Und Regisseurin Beverley Ditsie erzählt: „Wir hatten eine Mission: lesbische Rechte fix in der UNO-Agenda zu verankern. Es sollte die größte lesbische Sichtbarkeitskampagne werden, die die Welt je gesehen hat."

Bereits zuvor hatten Lesben eine ausdifferenzierte Strategie entworfen, um „sexuelle Orientierung" auf die Agenda der Vereinten Nationen zu bringen. Während der Tagung der Frauenstatuskommission im März 1995 in New York überreichten sie mehr als 60.000 Unterschriften, die die Einbeziehung der sexuellen Orientierung auf der Beijing-Tagesordnung verlangten.

Den Aktivistinnen in Beijing begegnen erneut alle Vorurteile. Schon knapp vor der Konferenz verlegt das Regime aus Angst vor lesbischen Frauen („sie würden oben ohne durch die Straßen laufen"), vor Sexarbeiterinnen und vor Tibeterinnen das NGO-Forum 20 Kilometer außerhalb von Beijing nach Huairou. Schließlich wollte man mit der Frauenkonferenz nach dem Tian'anmen-Massaker sechs Jahre zuvor internationales Terrain gutmachen.

Bei der Konferenz selbst kommt immer wieder der Vorwurf, „dass sie die Tagesordnung durcheinanderbringen, vor allem aber von Wichtigerem ablenken". Viele Delegationsteilnehmer:innen wollen nicht mit Lesben gesehen oder in Zusammenhang gebracht werden. Ein lateinamerikanischer Regierungsvertreter meint vor laufenden Kameras, dass es im offiziellen Schlussdokument keine „zweideutigen" Begriffe wie „sexuelle Orientierung" geben dürfe, möglicherweise wäre das ja ein Synonym für Pädophilie.

Das Lobbying gegenüber dem Sekretariat der Regierungskonferenz hatte Erfolg: Den Aktivistinnen wird eine Redezeit von fünf Minuten im UN-Plenum zugesichert. Kurz vor dem Termin schmuggeln einige Aktivistinnen ein Transparent mit der Aufschrift „Lesbenrechte sind Menschenrechte" in den Hauptsaal und hängen es über die Balustrade. Das Wachpersonal entreißt es ihnen kurz danach, aber sie haben vorgesorgt und halten kleine Kartons mit derselben Aufschrift in den Saal.

Und dann ist es so weit: Beverley Ditsie betritt an jenem denkwürdigen 13. September das Rednerpult – und zum ersten Mal ist die Stimme der Lesben im offiziellen Rahmen der Vereinten Nationen sichtbar und hörbar. Ditsie schließt ihre Rede mit der Aufforderung: „Entfernen Sie die eckigen Klammern[3] rund um den

Begriff sexuelle Orientierung aus dem Text des Aktionspro-
gramms!" Am Weg aus dem Saal kommt es fast zu einem Tumult,
weil ihr v. a. afrikanische Delegierte vorwerfen, keine Afrikanerin
zu sein, denn „in Afrika gibt es keine Lesben".

Diese Aktivitäten und Diskussionen in Beijing waren ein Tür-
öffner: Der Mär, Lesbisch-Sein würde aus dem Westen importiert,
wurde ein Ende gesetzt. Heute gibt es keine Sitzung des Menschen-
rechtsrates der UNO in Genf mehr, in dem nicht „SOGI" – also
„Sexuelle Orientierung und Geschlechtsidentität" – oder das Akronym LGBT erwähnt wird; und so gut wie alle UNO-Sonderberich-
terstatter:innen schließen sexuelle Minderheiten in ihre Berichte
ein. Auch wenn die sexuellen Rechte nicht als solche 1995 im Aktionsprogramm verankert wurden, wurde doch das Menschenrecht
der Frau anerkannt, Kontrolle über ihre Sexualität zu haben. Und
obwohl Sexualität nicht von Reproduktion abgegrenzt wurde,
kamen wichtige Punkte hinzu: eine Sexualität frei von Zwang, Diskriminierung und Gewalt – und die Achtung der Unversehrtheit
und des Einverständnisses.

Am Ende sind alle, so erzählt Gloria Careaga P., „erschöpft,
aber glücklich". Und Charlotte Bunch, Gründungsmitglied des Center for Women's Global Leadership, resümiert schon damals:
„Keine Frau kann behaupten, frei zu sein, bevor sie nicht wählen
kann, eine Lesbe zu sein."

---

1   Bearbeitete Erinnerungen entlang des Films „Lesbians Free Everyone – the Beijing
    Retrospective" von Beverley Ditsie. Sie führte dafür während des Lockdowns 2020 ein
    Video-Gespräch mit ca. 15 Beijing-Aktivistinnen.
    Teaser: youtube.com/watch?v=h7exlJItxmE
2   s. Artikel „Kein Schritt zurück: Erfolge der UN-Konferenzen der 1990er Jahre", S. 100.
3   Bedeutet in der Sprache der Diplomatie, dass um den Inhalt noch gerungen und
    verhandelt wird.

Gewalt ist, deine Sprache nicht sprechen zu dürfen
Elisa Loncón, chilenische Politikerin und indigene Aktivistin

Julieta Rudich

Um das schwere Erbe des Diktators Augusto Pinochet, der von 1973 bis 1990 regierte, hinter sich zu lassen, beschloss Chile, seine Verfassung neu zu schreiben. Elisa Loncón Antileo war die sichtbarste Person dieses Übergangs: Mit 96 von 155[1] Stimmen wurde die Universitätsprofessorin für Linguistik zur Vorsitzenden der ersten Phase der Verfassunggebenden Versammlung gewählt. Geboren 1963 in der Mapuche-Gemeinde Lefweluan in der Region Araucanía im Süden des Landes, setzt sie sich seit ihrer Jugend für die sprachlichen Rechte der Mapuche ein. Die Financial Times kürte sie zu einer der 25 einflussreichsten Frauen des Jahres 2021.

Bei ihrem Amtsantritt am 4. Juli 2021 sagte sie: „Heute wird ein neues Chile gegründet, ein pluralistisches, mehrsprachiges Chile, mit allen Kulturen und Völkern, und mit den Frauen." Ihre emotionale Rede, bei der sie in der typischen Kleidung ihres Volkes auftrat, begann und beendete sie mit einem Gruß in Mapudungún, der Sprache der Mapuche, was für Überraschung sorgte und auch eine Welle der Empörung auslöste. Wie mir Elisa Loncón beim Interview am 28.4.2022 in Santiago de Chile erzählt hat, ist „diese Ablehnung eine Frage des Konservatismus. Die Rechtskonservativen lehnen uns ab, weil sie Privilegien haben, die sie nicht teilen wollen. Und einige fortschrittliche Menschen lehnen unsere Identität auch ab, weil es eine konservative Fortschrittlichkeit gibt, die auf Kosten des Staates, so wie er ist, gelebt hat, und die das nicht ändern will".

Das neoliberale Modell, das in der 1980 unter der Militärdiktatur ausgearbeiteten Verfassung verankert ist, hat zur Privatisierung des Bildungs-, Gesundheits- und Pensionswesens und zur Ausgrenzung großer Teile der Bevölkerung, einschließlich indigener Völker, geführt. Die unerträglichen Ungleichheiten verursachten 2019 beispiellose soziale Proteste. „Die Mobilisierung war massiv. Es war auch ein Akt der Selbstbestimmung der verschiedenen Völker Chiles, unter starker Präsenz der Mapuche-Flagge. Die rechte Regierung weigerte sich, auf die Proteste zu hören. Die Unterdrückung war entsetzlich. Mehr als 400 Menschen wurden verstümmelt, vielen wurde direkt in die Augen geschossen und sie verloren ihr Augenlicht", sagt Loncón.

Im Gegensatz zu anderen Protestwellen in Südamerika wurde die Empörung in Chile in institutionelle Kanäle gelenkt. Im Parlament waren die wichtigsten Parteien bereit, auf die Forderungen nach Umgestaltung der Grundlagen des Staates einzugehen und die Bürger:innen zu konsultieren. Im Oktober 2020 sprachen sich 78 % der Wähler:innen für eine neue Verfassung aus, die von direkt gewählten Personen geschrieben werden sollte. „Es war eine tiefe Krise der politischen Repräsentanz. Die Regierung und das Parlament vertraten nicht mehr die Interessen des Volkes. Heute wissen wir, dass wir die Macht teilen, die Frauen an die Regierung lassen sowie die Indigenen und die Regionen am demokratischen Prozess teilhaben lassen müssen", so Loncón. Der chilenische Verfassungskonvent hat weltweit Aufmerksamkeit erregt: Die Hälfte der Abgeordneten, 77 an der Zahl, waren Frauen, und 17 Sitze wurden über Quoten an Vertreter:innen der indigenen Völker vergeben.

Zum Zeitpunkt des Interviews war noch nicht klar, ob die neue Verfassung tatsächlich die Erwartungen erfüllen würde. Auf jeden Fall steht Elisa Loncón weiterhin an der Spitze der Bewegung, die sich für die Anerkennung Chiles als plurinationaler und interkultureller Staat einsetzt: „Bald werden wir in unserem Personalausweis an der Stelle, an der ‚chilenische Staatsangehörigkeit' steht, den Namen unseres Volkes hinzufügen können: ‚Mapuche-Chilene‘ oder ‚Aymara-Chilenin‘ usw. Es ist eine Art der Wiedergutmachung. Glücklicherweise sind die neuen Generationen in Chile offener dafür, ihre Wurzeln wiederzuentdecken und sie als ihre eigenen zu empfinden.“

Geboren in eine sich seit Generationen für Mapuche-Rechte einsetzende Familie, als Tochter eines Tischlers und einer poesiebegeisterten Hausfrau, die ihr das Lesen beibrachte und sie zum Lernen ermutigte, besuchte Elisa Loncón wie ihre sieben Geschwister eine öffentliche Schule. Sie wurde dort als Mapuche gedemütigt, begann sich jedoch schon früh wie ihre Vorfahren für die Anerkennung ihrer Sprache und Identität zu engagieren. Elisa Loncón studierte an mehreren Universitäten im In- und Ausland und verfügt über akademische Abschlüsse in Linguistik, Geisteswissenschaften und Literatur. Sie engagiert sich in indigenen Student:innengruppen, im Mapuche Admapu Theater und bei der Rückgewinnung von indigenem Land.

Heute ist Loncón Professorin an der Universität von Santiago, Expertin für interkulturelle Erziehung und eine Bewunderin von Noam Chomsky. Über die Heftigkeit der Auseinandersetzungen um Land in ihrer Region ist sie sehr besorgt: „Um die aktuellen Konflikte zu lösen, müssen wir denjenigen, die im Laufe der Geschichte unterdrückt wurden, ihr Recht garantieren und ihnen einen würdevollen Platz geben. Das ist es, was wir gerade tun. Wir Mapuche kämpfen schon seit mehr als 200 Jahren gegen den Staat. Und Generationen vergehen. Aber die Völker befreien sich. Die Unterdrückung hält nicht ewig an. Das ist die Geschichte der Menschheit. Das ist die Hoffnung, die wir haben“, schließt sie mit einem überzeugenden Lächeln.

---

1   Ein Vertreter trat später zurück, damit blieben nur noch 154 Mitglieder.

Nach dem bewaffneten Kampf
Rückkehr in den Alltag
Luisa Dietrich Ortega

Frauen machen mehr als 30 % der aufständischen Streitkräfte in lateinamerikanischen Guerrillabewegungen aus, und ihre Führungsaufgaben sind gut dokumentiert. Dennoch ergibt sich ein wiederkehrendes Muster der Re-Marginalisierung von Frauen in der Nachkriegszeit. Im Vergleich zu ihren männlichen Kameraden werden Frauen nach ihrer Rückkehr mit traditionellen und untergeordneten Geschlechterrollen konfrontiert.

Die Zeit innerhalb der politisch-militärischen Organisation beschreiben Frauen durchaus auch positiv: Erwerb neuer Fähigkeiten, gestärktes Selbstvertrauen, ein Gefühl der Unabhängigkeit, Freiheit und Wertschätzung sowie Gruppenidentität und Gemeinschaftsgefühl. Studien zur Emanzipation zeigen, dass die Beziehungen unter Genoss:innen in revolutionären Gruppierungen egalitärer sind als in der breiteren Zivilbevölkerung. Daher tragen die Erfahrungen dieser Akteur:innen auch zur Geschlechtergerechtigkeit in Friedenssicherungsprozessen bei.

Frieden als Enttäuschung
Frauen beschreiben die Übergangszeit vom bewaffneten Kampf ins zivile Leben auch als „Rückkehr zur Normalität", die mit dem Druck einhergeht, akzeptierte Versionen von Weiblichkeit zu verkörpern. Des Öfteren werden Ex-Kombattantinnen als von der gängigen Geschlechternorm abweichend und als nicht-weiblich stigmatisiert, als *Machonas* (Mannweiber), Lesben oder Feministinnen – Begriffe, die oft als Beleidigung verstanden werden. Durch diese Stigmatisierung der Ex-Kombattantinnen werden traditionell idealisierte weibliche Eigenschaften wie Häuslichkeit und Unterordnung forciert.

126

Das Leben in der Zivilgesellschaft ist oft von Armut geprägt, mit Schwierigkeiten, ohne entsprechende Qualifikationen oder Lücken im Lebenslauf bezahlte Arbeit zu erlangen. Kämpferinnen werden im Vergleich zu männlichen Kameraden nach wie vor seltener in Entwaffnungs- und Demobilisierungsprogrammen registriert und häufiger durch Koch- und Nähkurse in stereotype Rollen gedrängt. Kombattantinnen werden oft als „schlechte Mütter" abgestempelt. Das erschwert es ihnen, die Beziehungen zu ihren Kindern wiederherzustellen, da an Mütter, die aus dem Kampf zurückkehren, andere geschlechtsspezifische Erwartungen gestellt werden als an Väter.

Neue Partnerschaften werden für Frauen erschwert, da sie als sexuell promiskuitiv gelten, während langjährige Partnerschaften auseinanderbrechen, da Kämpferinnen durch „weiblichere und gehorsamere" zivile Frauen ersetzt werden. Dies sind einige der Gründe, warum Frauen ihre Vergangenheit verheimlichen. Die Eigenschaften, die sie zu guten Kameradinnen machten – wie Mut, Stärke, Entschlossenheit und Unabhängigkeit – werden nun dazu benutzt, Frauen zu stigmatisieren und auszuschließen. Aber aus direkten Gesprächen wird klar, dass Ex-Kombattantinnen nicht in die stereotype Rollenverteilung passen: Frauen können Kombattantinnen und Friedensförderinnen sowie Betroffene, Überlebende und Täterinnen gleichzeitig sein und ihre Beiträge leisten.

Kämpferinnen als politische Akteurinnen

Die Geschichtsschreibung sieht die ehemaligen Kämpferinnen, wenn überhaupt, als unterstützende oder helfende Kräfte. Gleichzeitig macht man sie zu „Opfern", indem man die Gewalt und den Missbrauch, die sie durch Männer erfahren haben, hervorstreicht. So werden Ex-Kombattantinnen abgewertet, ihre Leistungen trivialisiert und ihre politische Handlungsmacht untergraben. Sie werden als eigenständige politische Akteurinnen unsichtbar.

Die Verabschiedung der Resolution 1325 des UN-Sicherheitsrats im Jahr 2000 läutete die Women, Peace and Security Agenda (WPS-Agenda) ein, die von einer Reihe von Folgeresolutionen gestärkt wurde. Die WPS-Agenda bildet die politische Grundlage, um geschlechtsspezifische Auswirkungen bewaffneter Konflikte auf Frauen und Mädchen sowie die vielfältigen Beiträge, die Frauen zu einem nachhaltigen Frieden leisten, anzuerkennen. Über die Jahre stärkte sie die Rolle von Frauen, sei es in Friedensverhandlungen, der Umsetzung von Friedensabkommen, der Teilnahme an friedenserhaltenden und polizeilichen Kontingenten oder im Zugang zur Justiz und in der Rechenschaftspflicht gegenüber Tätern, insbesondere von sexueller Gewalt als internationalem Verbrechen. Trotz der wichtigen Beiträge der WPS-Agenda gilt vieles nicht für politisierte Frauen in bewaffneten Widerstandsorganisationen.

Politik und Öffentlichkeit negieren immer noch, dass Frauen Guerillakämpferinnen gewesen sind. Das untergräbt ihre politische Partizipation und ihre Einbindung als politische Akteurinnen in Postkonfliktkontexten. Frauen sind bei Friedensverhandlungen sowie in der Partei-, Wahl- und Gemeindepolitik kontinuierlich unterrepräsentiert. Ehemalige Kämpferinnen werden dazu gedrängt, zugunsten von Männern zurückzutreten oder sich mit schlechter gereihten Positionen auf Wahllisten zufriedenzugeben. Diejenigen, die in zivilgesellschaftlichen Organisationen aktiv sind und Rollen als Senatorinnen oder in der Gemeindepolitik innehaben, tun dies oft ohne ausreichende Mittel, um Kapazitäten aufzubauen, Netzwerke mit anderen Frauenorganisationen zu bilden und Positionen in Bezug auf Geschlechtergerechtigkeit zu entwickeln.

Der Friedensprozess in Kolumbien

Im 2016 geschlossenen Friedensabkommen zwischen der Regierung und FARC-EP (Revolutionäre Streitkräfte Kolumbiens – Volksheer) werden die Beiträge von Frauen in Friedensverhandlungen und Friedenssicherung sichtbar. Es wurde eine Gender-Kommission ins Leben gerufen, die – unter Einbeziehung von Frauen-, LGBTIQ+- und Überlebenden-Organisationen – über frauen- und genderspezifische Themen im Friedensabkommen beriet; im Übergang von der Widerstands- und Befreiungsbewegung zu einer politischen Partei wurden auch Geschlechtergleichstellungsagenden beschlossen. Die Partei stellt nicht nur Senatorinnen, sondern leistet einen Beitrag zu öffentlichen Diskussionen rund um die Bewegung des *Feminismo Insurgente,* des *Aufständischen Feminismus,* der Mittel und Wege zu sozialer Gerechtigkeit und Gleichstellung der Geschlechter in Übergangskontexten aufzeigt. Aus dieser Perspektive sind Kombattantinnen eigenständige politische Akteurinnen, die ihre eigenen geschlechtsspezifischen Konzepte entwickeln und ranginterne sexuelle und geschlechtsspezifische Gewalt thematisieren. Frauen in Widerstandsorganisationen durchbrechen eine Vielzahl von geschlechtsspezifischen Stereotypen und leisten einen wichtigen Beitrag zu Friedensbewegung und Geschlechtergerechtigkeit.

Ein erster Schritt ist es, den Frauen in Widerstandsbewegungen Gehör zu schenken, Möglichkeiten der Selbstrepräsentation zu schaffen und ihre politischen Prioritäten auch als Beitrag zur Friedenssicherung anzuerkennen.

Literatur

Dietrich Ortega, Luisa Maria (2017): La compañera guerrillera as construction of politicised femininity: a comparative study of gender arrangements in Latin American insurgencies and new paths for gender responsive demobilisation of combatants (Wien: Dissertation).

In transition
Georgiens Feministinnen verändern die Gesellschaft
Gundi Dick

Salome Chagelishvili von Women's Fund ist hoffnungsvoll, was die Zukunft der Frauenbewegung betrifft: „Ich sehe großes Potenzial, denn die feministische Bewegung ist vielfältiger geworden. Es gibt jetzt, anders als früher, nicht nur eine liberale Bewegung. Da gibt es grüne Feministinnen, die Linke, einen marxistischen Feminismus, vegane und queere Feministinnen. Ich hoffe, dass all diese Gruppen mit ihren Ideologien Platz haben. Also, dass unsere Bewegung divers und inklusiv ist."

„Dass die georgische Frauenbewegung ab den 2000er Jahren Gesetze eingefordert und bekommen hat, ist sicherlich ihr größter Erfolg", sagt Maia Bakaia, Professorin an der Tbilisi State University. In kurzer Zeit wurde viel erreicht: 2006 nahm das Parlament das Staatskonzept zur Gleichstellung der Geschlechter an; ein Gewaltschutzgesetz (2006) oder das Gesetz zur Gendergleichheit (2010) wurden beschlossen. Staatliche Mechanismen wurden schrittweise eingeführt, um zu gewährleisten, dass Gendergleichheit- und Frauen-Empowerment fixer Bestandteil der Politik werden. Maia Bakaia setzt fort: „Das war der Verdienst des liberalen Mainstream-Feminismus. Der zweite Erfolg ist, dass sich der öffentliche Diskurs über Frauenrechte und Gendergleichheit verändert hat. Nach wie vor sind in der Gesellschaft patriarchale Strukturen dominant, doch im öffentlichen Diskurs, in den Medien, im Bildungsbereich sind Begriffe wie Gender, Sexismus, Femizid mittlerweile keine Fremdwörter mehr. Und zum Dritten haben die Frauen gezeigt, dass sie mobilisieren können. Frauen gingen auf die Straße und feministische Themen wurden auf breiterer Ebene diskutiert."

Der südkaukasische Staat Georgien ist ein junger Staat. 1991 erklärte er seine Unabhängigkeit von der Sowjetunion. Seitdem hatte das Land mit Bürgerkriegen, massiven innerstaatlichen Fluchtbewegungen, dem Zusammenbruch ökonomischer Strukturen, Rivalitäten zwischen politischen Parteien zu kämpfen. Konkret bedeutete das, dass die Bevölkerung in den ersten Jahren häufig ohne Gas, Strom und Wasser auskommen musste, dass sich die Menschen ohne Erwerbsarbeit und Einkommen wiederfanden. Und es zeigte sich, dass es Frauen im Übergang vom kommunistischen Wirtschaftssystem zur neoliberalen Marktwirtschaft besser als Männern gelang, mit dieser Situation zurande zu kommen. Frauen begannen informell zu arbeiten, eigneten sich neue Qualifikationen an, migrierten ins Ausland und wurden Familienerhalterinnen.

Ab Mitte der 1990er Jahre begannen westliche Geldgeber:innen die Zivilgesellschaft zu unterstützen. Frauenempowerment und Geschlechtergerechtigkeit waren dabei zentrale Themen. Frauen-NGOs entstanden, vorerst ohne fundiertes Bewusstsein und Wissen über Frauenrechte, Gendergleichheit, Feminismus.

Erst die 2000er Jahre brachten Schwung in die Frauenbewegung. Zu den NGOs kam der breitenwirksamere Frauenaktivismus hinzu. Im akademischen Bereich, an der Tbilisi State University, wurde 2006 das erste Gender Studies Program eingerichtet, daraus ging 2012 das Institute of Gender Studies hervor.

„Ab 2010 nahm die Bewegung richtig Fahrt auf", sagt Maia Bakaia. Es entstand jene Breite, die eine Bewegung ausmacht: Gruppen mit unterschiedlichem Background, formelle und informelle Gruppen, Student:innen an der Universität, also nicht bloß NGOs. Es wurde heftig debattiert, denn es gab unterschiedliche Vorstellungen, wie die Bewegung zu welchen Themen arbeiten sollte.

Gewalt gegen Frauen, die erschreckend hohe Zahl an Femiziden, die fehlende Repräsentation von Frauen auf allen politischen Ebenen, die starren Geschlechterstereotypen, die Situation der binnenvertriebenen Frauen, Arbeitslosigkeit und Armut, die bedrohlichen Anfeindungen gegen LGBTIQ+-Personen, die Ausgrenzung von behinderten oder älteren Frauen – die Liste der Themen, mit denen sich die Feministinnen und Frauenrechtsaktivistinnen befassen, ist lang.

Trotzdem oder weil sich die Frauenbewegung Gehör verschaffen kann, weht ihr ein scharfer Wind entgegen. Seit jeher wettert die Georgische Orthodoxe Kirche gegen die Liberalisierung der Gesellschaft. Gender als soziale Konstruktion, gleiche Rechte für Frauen, LGBTIQ+-Anliegen sind nach Meinung der Kirche importierte Themen, die in der georgischen Gesellschaft keinen Platz haben. Die klerikale Position ist wirkmächtig, denn die Kirche, der Patriarch, rangiert gemeinsam mit dem Militär im Vertrauensranking der Bevölkerung an oberster Stelle.

Die extreme Rechte steht im Naheverhältnis mit der Kirche und ist rassistisch, antifeministisch, homophob und nationalistisch. Der Georgian March, eine ultrarechte Gruppierung, die 2020 bei den Parlamentswahlen kandidierte, scheut nicht vor physischer Gewalt zurück. Im Juli 2021 wurde bei der Pride-Demonstration in Tbilisi ein Kameramann von Rechtsextremen so schwer verletzt, dass er Tage später starb. Die Polizei schaute zu, der Ministerpräsident, Vertreter der nach rechts abdriftenden Regierungspartei Georgian Dream kommentierte die Tatenlosigkeit damit, dass die Rechte eben die Mehrheitsmeinung widerspiegle.

Die Bewältigung der Corona-Pandemie lief in Georgien denkbar schlecht: Ein unzureichendes Gesundheitssystem, hohe Todesraten, grassierende Arbeitslosigkeit machten der Bevölkerung zu schaffen. Zahllose Frauen fanden sich im Prekariat wieder. Gewalt gegen Frauen stieg im monatelangen Lockdown an.

Die Frauenbewegung verlagerte notgedrungen ihre Diskussionen und Aktivitäten in soziale Medien. „Sich nicht mehr physisch zu treffen, Debatten ohne Gegenüber zu führen, tat der Bewegung nicht gut", sagt Salome Chagelishvili, „da müssen wir schauen, dass Verletzungen wieder heilen. Zwei Jahre Ausnahmezustand hinterlässt Spuren, bei allen."

Der Angriffskrieg Russlands auf die Ukraine löst bei vielen Menschen in Georgien Angst und Erinnerungen an 2008 aus. Der 5-Tage-Krieg zwischen Russland und Georgien wurde auf dem georgischen Staatsgebiet Südossetien ausgetragen. Bombenflieger waren von Tbilisi aus zu hören. Manche befürchten, dass Georgien und Moldawien die nächsten Ziele Russlands sein könnten. „Wir müssen uns vorbereiten", sagt Maia Chitaia von der Plattform Women of Georgia.

„Im nächsten Leben der Frauenbewegung müssen wir über die unmittelbaren Genderthemen hinausgehen." Umwelt, Wirtschaft, Finanzen, Friedensförderung, Militär, internationale Politik – bei all diesen Themen sollten Frauen zukünftig mitreden. „Wir müssen die Expertinnen sichtbar machen und die Politik mitgestalten. Wir können zeigen, dass Frauen gute Problemlöserinnen sind. Wenn wir das nicht schaffen, wird die Bewegung genauso müde wie in den westlichen Ländern werden", sagt Maia Chitaia.

Tamar Tskhadadze, Professorin an der Ilia State University, plädiert ebenso für eine Verbreiterung. Das Ziel wäre, dass Gendergerechtigkeit die gesamte Gesellschaft transformiert und keine Gruppen ausgeschlossen werden.

Eine der Lehren der Corona-Pandemie, die hart auf einer ohnehin schwachen Wirtschaft aufsetzte, ist, dass als Nächstes ökonomische Themen stärker angegangen werden müssen. Den neoliberalen Entwicklungen müssen ökonomische Stärkung der Frauen, Mutterschutz und Kinderbetreuung, Arbeits- und Sozialrechte, Armutsbekämpfung entgegengestellt werden. Es sind Debatten über die Doppelbelastung der Frauen, über unbezahlte Arbeit und Care-Arbeit nötig, denn auf den Schultern der Frauen lastet zu viel.

Mein Dank geht an Maia Bakaia, Salome Chagelishvili, Maia Chitaia, Tinatin Japaridze, Elene Rusetskaia und Tamar Tskhadadze, mit denen ich im März und April 2022 via Zoom Gespräche führen konnte.

Zaghafte Versuche
Feministische Außen- und Handelspolitik in der Europäischen Union
Gaby Küppers

Das hatte die Welt noch nicht gehört – doch es war längst überfällig. Im Jahre 2014 verkündete die schwedische Außenministerin Margot Wallström, die Politik ihres Hauses werde nun feministisch. Viele Regierende und Politiker:innen, zumeist männlich, reagierten leicht pikiert bis kopfschüttelnd, sahen sie doch ihr bisheriges Agieren infrage gestellt. Die Außenministerin stellte schnell klar, was sie meinte. Das Ziel sei „3 R": Rechte, Ressourcen und Repräsentanz für Frauen.

Doch es geht um viel mehr. Denn nicht nur findet weltweit gerade ein gefährlicher Backlash gegen Frauen statt, auch Krieg ist in Europa wieder möglich, ja Tatsache geworden.

Seit Wallströms Ansage bekundeten mehrere Länder nachzuziehen. Doch was ist mit feministischer Außenpolitik gemeint? Eine Definition ist verständlicherweise deren Abgrenzung von patriarchaler Außenpolitik. Ein Kampf gegen das Patriarchat also, gegen Unterdrückung, Ausgrenzung – sozial, wirtschaftlich, kulturell.

Für die Europäische Union ist Gleichstellung konstituierend. Sie versteht darunter vor allem Nicht-Diskriminierung. Schon der Gründungsvertrag von 1957 verpflichtet dazu. Das Augenmerk liegt dabei darauf, Frauen die gleichen (Job-)Chancen und gleiche Bezahlung wie Männern zu gewähren, jedoch nicht, Männer, deren Rollen und die diesen zugrunde liegenden Strukturen zu verändern. Der Begriff „Gender" bedeutet aus dieser Sicht ausschließlich „Frau" – „diskriminiert" und „vulnerabel"; andere Geschlechtsidentitäten und sexuelle Orientierungen werden erst allmählich zum Thema.

Die Europäische Kommission legte erstmals 2010 eine Fünf-jahresstrategie für Geschlechtergleichheit vor, zu der auch ein Gender Action Plan für Außenpolitik gehörte. Seit Mai 2020 gilt der Gender Action Plan III. Konkrete Zielvorgaben, Monitoring-Mechanismen und Sanktionierung bei Nichteinhaltung sind darin, so monieren Feministinnen, nicht enthalten. Am 25. November, dem Internationalen Tag gegen Gewalt an Frauen, fügte die EU-Kommission im Jahr 2020 unter dem Eindruck der weltweit ungleich stärkeren Belastung von Frauen durch die Pandemie einen Gender Action Plan III explizit für den 2011 gestarteten Europäischen Auswärtigen Dienst (EAD) an.

Die (Fort-)Schritte in dieser Erstdekade des EAD blieben zag-haft, auch wenn die ersten beiden Außenbeauftragten der EU Frauen waren. Die zweite von ihnen, Federica Mogherini, gleich-zeitig Vizepräsidentin der Kommission, ernannte 2015 eine „Hauptberaterin in Genderfragen" für den EAD – allerdings ohne eigenes Budget, aber mit einem schier unüberschaubaren Aufga-bengebiet und mittlerweile 27 Regierungen, von denen sechs (Bul-garien, Lettland, Litauen Slowakei, Tschechien, Ungarn) sich explizit weigern, die Istanbul-Konvention des Europarates[1] zu rati-fizieren, die Gewalt an Frauen ächtet. Auf dem EU-Lateinamerika-Gipfel 2015 in Brüssel beschlossen die europäischen Regierungs-chef:innen zusammen mit jenen Lateinamerikas zwar einen Aktionsplan, der auch die Eliminierung von Gewalt gegen Frauen, einschließlich Femiziden, vorsieht. Erkennbare Taten folgten dem aber nicht.

Das Europäische Parlament (EP) ist prinzipiell ambitionier-ter, aber uneins. Der Frauenausschuss FEMM begreift das Thema Gender als Querschnittsaufgabe. Demgegenüber behauptet die Mehrzahl des internationalen Handelsausschusses INTA weiter-hin, Handel sei genderneutral. „Genderblind" nennt das aber der

Frauen-Thinktank WIDE+ (wideplus.org/). 2017 veranstaltete FEMM eine gemeinsame Anhörung mit INTA. Der daraus folgende nicht-legislative Initiativbericht[2] beider Ausschüsse forderte im Januar 2018, bei allen bi- wie multilateralen handelspolitischen Maßnahmen nicht nur eine allgemeine Folgenabschätzung zur Nachhaltigkeit verbindlich durchzuführen, sondern auch zu den Auswirkungen auf Frauen. Dazu braucht es aber geschultes Personal. Ein lapidarer Satz wie der in einer allgemeinen Folgenabschätzung zu einem Abkommen mit den Andenländern, wonach eine Genderanalyse sich erübrige, da im Bergbau für den Export in die EU keine Frauen angestellt seien, darf nicht mehr vorkommen. Ebenso wenig, dass noch 2019 Kommissionsvertreter:innen ungläubig staunten, als Ellie Chowns, die Grüne Vorsitzende der INTA Monitoring Group zum Interim-Wirtschaftsabkommen EPA mit Südost-Afrika (ESA), fragte, welche Auswirkungen auf Frauen und Männer das Abkommen habe. Handel sei doch für beide Geschlechter gleich, hieß es wie eh und je.

Doch es tut sich etwas: In den Verhandlungen zur Modernisierung des Assoziationsabkommens EU-Chile[3] taucht erstmals ein Kapitel zu „Handel und Gender" auf, wohl auch auf Vorschlag der vormaligen chilenischen Präsidentin und jetzigen UNO-Menschenrechtskommissarin Michelle Bachelet. Der Ansatz bleibt indes systemimmanent auf den Gleichheitsgrundsatz der EU-Verträge ausgerichtet. Frauen werden als untergenutzte Ressource für Exportwachstum gesehen, was durch bessere Integration in den Arbeitsmarkt überwindbar sei. Über Machtverhältnisse, unbezahlte Reproduktionsarbeit, Gewalt und andere Auswirkungen des herrschenden Exportmodells auf beide Geschlechter schweigt sich das Kapitel aus.

Das EU-Parlament hat in einem im Oktober 2020 angenommenen Initiativbericht von FEMM klargestellt, dass seitens der EU in ihren internationalen Beziehungen noch viel zu leisten ist. Der Fokus des Berichts liegt darauf, alle Frauen aus ihrer Opferrolle zu holen, mehr Geld für ihre Sicherheit, Gesundheit und Klimaschutz zur Verfügung zu stellen, genderspezifische Statistiken zu erheben, gendergeschultes Personal in Diplomatie und militärischen Missionen aufzustocken und bis 2024 50 % der EU-Dienststellen mit Frauen zu besetzen.

Grundsätzlicheres aber ist zu tun, fordert ein Papier der Grünen EP-Fraktion zum Thema feministische Außenpolitik. Dazu gehört der aktive Abbau dessen, was eine patriarchale Außenpolitik ausmacht, nämlich Dominanz des Mächtigeren, Letzteres oft erreicht durch Zerstörung und Gewalt. An seine Stelle sollten die Ziele Frieden und menschliche Sicherheit treten.

Gleichheit muss daher auch bei feministischer Außenpolitik neu definiert werden. Es geht nicht um die Angleichung von Chancen für Frauen an jene für Männer, sondern neben dem Zugang zu Macht und Stimme auch zur Freiheit, Rollenkorsetts abzustreifen, Intersektionalität ernst zu nehmen, Arbeitsverhältnisse zu schaffen, die eine gerechte Aufteilung von Reproduktions- und Sorgearbeit ermöglichen. Vereinzelt findet sich dies in entwicklungspolitischen Programmen und Projekten der EU. Doch statt eines Flickwerks von Initiativen braucht es einen systematischen Gesamtansatz in allen Bereichen der Außenpolitik – bis hin zu Handelsvereinbarungen und Budget.

Eine Debatte darüber, ob feministische Außenpolitik mit Militäraktionen vereinbar ist, gehört dazu. Genau jetzt wäre es wichtig, feministische Außenpolitik als antimilitaristische Friedenspolitik festzuschreiben.

---

1 s. Artikel „Wenn Recht praktisch nicht schützt", S. 71.
2 Aufforderung an Kommission zur Vorlage eines Gesetzesvorschlages.
3 Zum Zeitpunkt der Drucklegung noch unabgeschlossen.

5.
Arbeit

Frauen arbeiten – unter Berücksichtigung unbezahlter und informeller Tätigkeiten – weltweit etwa 60 % mehr als Männer. Gleichzeitig verfügen sie nur über einen Bruchteil der weltweit vorhandenen Geld- und Finanzmittel. Die Einkommensunterschiede zwischen den Geschlechtern haben sich in den letzten Jahren zwar leicht verringert, sind aber nach wie vor beträchtlich. Und v. a. in Bereichen mit schlechten Arbeitsbedingungen wie in der informellen Wirtschaft und in den sogenannten Weltmarktfabriken – dort, wo Kleidung, Schuhe, Spielzeug, Elektronik und einfache Gebrauchsgüter hergestellt werden – ist der Anteil von Frauen auffällig hoch.

Entsprechend vielfältig sind auch die Strategien, gegen Ausbeutung und Ungleichheiten vorzugehen. Streiks, Besetzungen, Proteste und Boykotte – weltweit organisieren sich Frauen, um Arbeitsrechte einzufordern und ihre und ihrer Kinder Existenz zu sichern. Öffentlichkeitskampagnen erhöhen zusätzlich den Druck auf Unternehmen und Politik. Die – meist unbezahlte – Sorgearbeit wird sowohl von der feministischen Ökonomie als auch von zivilgesellschaftlichen Initiativen zunehmend ins Licht der Öffentlichkeit gerückt.

Über Arbeitskämpfe und Vernetzungen, Lieferketten-Kampagnen und nachhaltige Alternativen zur globalen Modebranche berichten die folgenden Beiträge ebenso wie über die Auslagerung der Sorgearbeit an transnationale Migrant:innen.

Um Knopf und Kragen
Frauenarbeit in der globalen Produktions- und Lieferkette

Ulrike Lunacek und Rosa Zechner

Die prekären, oftmals gesundheitsschädigenden Arbeitsbedingungen für den Weltmarkt waren und sind in vielen Produktionsbereichen Thema für Proteste und Forderungen nach Verbesserung von Gesetzen, Kontrollen sowie Sanktionen bei Nichteinhaltung von Arbeits- und Sozialstandards. Gerade die Textilbranche ist seit Mitte der 1980er Jahre ständig im Fokus. Die Clean Clothes Kampagne (CCK) hat vor allem Bewusstsein über die Ausbeutung bei der Herstellung von (Sport-)Kleidung und Schuhen geschaffen.

Wie alles begann: Im Sommer 1986 klagten koreanische Arbeiterinnen des deutschen Kleidungsunternehmens Adler wegen „überlanger Arbeitszeiten, geringer Löhne, Unterbindung freier Gewerkschaftsarbeit und sexueller Belästigungen". In der Folge engagierte sich die deutsche Frauenrechtsinitiative Terre des Femmes für die Anliegen der koreanischen Arbeiterinnen – und für Aufklärung und Handlungsmöglichkeiten hier in Europa.

Über diese ersten Aktionen berichtete auch die Frauen*solidarität in ihrer Zeitschrift. Als Mitinitiatorin der Maquila-Initiative (1997)[1], der Vorläuferorganisation der österreichischen CCK, als deren Koordinatorin im Jahr 2001 und als jahrzehntelanges Mitglied hat sich die Frauen*solidarität mit zahlreichen Aktivitäten und Projekten an der CCK beteiligt. Seien es internationale Tagungen wie „Um Knopf und Kragen" (1998) oder „Der Multis neue Kleider" (2001), die Produktion von Informationsmaterialien wie der Broschüre „Jeans – Let's wear fair" (1999) oder des Argumentationsleitfadens „FAQ: Arbeitsrechte für Frauen in der informellen Wirtschaft" (2008), Informationsreisen für Multiplikator:innen nach Zentralamerika (1999), Indien (2004) und Hongkong (2011), die Beteiligung an öffentlichkeitswirksamen Aktionen wie dem Vienna City Marathon (2000) oder die Gestaltung einer provokanten Modeschau (2001). Der inhaltliche Bogen spannte sich von Frauenarbeit in den Weltmarktfabriken über Frauenrechte und Sozialstandards sowie Corporate Social Responsibility (CSR) bis hin zu informeller Wirtschaft und Decent Work.

2020 zog Bettina Musiolek, Mitbegründerin der deutschen CCK – die wie die österreichische Teil der internationalen Clean Clothes Campaign ist –, nach einem Vierteljahrhundert Kampagnenarbeit folgende Bilanz: Durch die CCK hat sich „das Bewusstsein der Modemarken über ihre menschenrechtliche Verantwortung [...] relativ weit entwickelt". Für die Arbeiter:innen aber hat sich „nur punktuell etwas geändert". „Der Kern des Problems sind die (viel zu niedrigen) Einkaufspreise der Marken."[2]

Nach der Katastrophe der Textilproduktionsfirma Rana Plaza in Bangladesch, bei der 2013 1.135 Arbeiter:innen, vor allem Frauen, ums Leben gekommen sind, hat es dort einiges an Verbesserungen gegeben, aber „gesunde und sichere Arbeitsplätze" sind nach wie vor „nicht selbstverständlich". Bald nach dem Einsturz der Fabrik wurde das Bangladesch-Accord-Abkommen verabschiedet, das wesentlich zur Verbesserung der Feuer- und Gebäudesicherheit von Textilfabriken beiträgt. Das neue internationale Sicherheitsabkommen von 2021 versteht sich als Erweiterung des Bangladesch-Abkommens und soll auf andere Länder ausgedehnt werden. Gertrude Klaffenböck, Koordinatorin der österreichischen CCK, betrachtet dieses Abkommen als „Meilenstein [...] für Textilarbeiterinnen in ihrem jahrelangen Kampf um Sicherheit am Arbeitsplatz".[3]

Erste Ansätze für mehr Verantwortung von Unternehmen, also Corporate Social Responsibility, gab es schon rund um die Jahrtausendwende, u. a. mit dem 2001 veröffentlichten Grünbuch der

EU-Kommission. In der Folge beschäftigte sich auch die Frauen*solidarität – in einem EU-geförderten Projekt in Kooperation mit Christliche Initiative Romero (CIR) – mit Verhaltenskodizes für multinationale Unternehmen. CSR – also „Verantwortung von Unternehmen für ihre Auswirkungen auf die Gesellschaft" – war als freiwillige Selbstverpflichtung konzipiert und sollte über die Einhaltung gesetzlicher Bestimmungen hinausgehen. CSR wurde und wird allerdings von vielen Firmen als Marketinginstrument missbraucht. Deshalb sind gesetzlich fixierte Verpflichtungen in der gesamten Lieferkette von allen Unternehmen nötig – im Textilbereich etwa von den Baumwollfeldern und den Pflücker:innen über das Färben von Wolle, das Spinnen bzw. Herstellen der Wollfäden, das Weben der Stoffe, das Aufbringen von Mustern bis zum Nähen der Kleidung. Vieles davon geschieht in kleinen Subunternehmen oder durch Heimarbeiterinnen, dem letzten und schwächsten Glied in der Kette.

Damit Unternehmen ihrer menschenrechtlichen, sozialen und ökologischen Sorgfaltspflicht nachkommen, sind effiziente Gesetze auf nationaler wie auch auf EU-Ebene nötig. Deutschland hat seit Juni 2021 das sogenannte Lieferkettensorgfaltspflichtengesetz. Es wird 2023 in Kraft treten und Unternehmen zu menschenrechtlicher und umweltbezogener Sorgfalt verpflichten. In Österreich wurde aufgrund der Schlussfolgerungen des EU-Rats vom Mai 2017 „Nachhaltige Wertschöpfungsketten in der Bekleidungsindustrie" eine Gesetzesvorlage für den Textilbereich in den Nationalrat eingebracht, die eine Kontrolle des Verbots von Kinder- und Zwangsarbeit im Bekleidungssektor vorsieht. Diese Gesetzesinitiative hat es allerdings bislang nicht ins Plenum des Nationalrats geschafft – noch weniger ein umfassendes Lieferkettengesetz, wie es z. B. seit einigen Jahren von der Kampagne „Menschenrechte brauchen Gesetze!" gefordert wird. Auf EU-Ebene hat der zuständige EU-Kommissar nach mehreren Aufforderungen durch das Europaparlament im Februar 2022 einen Gesetzesvorschlag vorgelegt. Hier wie dort ist die Gesetzeswerdung eine langwierige Angelegenheit: In Österreich plädiert etwa die Industriellenvereinigung lediglich für ein Gesetz auf EU-Ebene (warnt aber gleichzeitig vor „überschießenden Anforderungen"), während NGOs Gesetze auf nationaler wie auf EU-Ebene einfordern.

Nicht zuletzt aufgrund der öffentlichkeitswirksamen CCK ist in den letzten Jahrzehnten die Nachfrage nach Alternativen zu Fast Fashion enorm gestiegen. Die 1999 gegründete Fair Wear Foundation (FWF) verfolgt einen prozessorientierten Ansatz und listet 2022 148 Modemarken, die sich verpflichten, sich dem FWF-Kontrollsystem zu unterziehen. Unter den verschiedenen Siegeln ist v. a. Fairtrade zu nennen, das soziale und ökologische Standards mit Unterstützungsprogrammen vor Ort verbindet und mit der 2016 verabschiedeten Genderstrategie Frauen in der Textilproduktion über den Fairtrade-Standard hinaus stärkt. Daneben gibt es einen starken Zuwachs an Unternehmen, die einen eigenen Weg in Richtung „fairer Mode" gehen, wie z. B. der Beitrag über Nigerias dezentrale Designkultur in diesem Buch zeigt. Steigender Beliebtheit bei Konsument:innen erfreuen sich auch Secondhand-, insbesondere Vintage-Läden und Kleidertauschpartys.

So wichtig ein bewusstes Konsumverhalten ist, es braucht v. a. auch politische Maßnahmen wie Gesetze und Förderprogramme, um Lieferketten sozial und ökologisch nachhaltig zu gestalten.

1 Maquilas sind Weltmarktfabriken im Norden Mexikos und in Mittelamerika.
2 franzmagazine.com/2020/04/14/diese-krise-darf-nicht-auf-kosten-der-letzten-in-der-kette-gehen-bettina-musiolek
3 Informationsstelle für Journalismus & Entwicklungspolitik – isje.at

Blitzlichter einer fruchtbaren Kooperation

SEWA (Self Employed Women's Association, Indien) ist die weltweit größte Frauengewerkschaft und unterstützt seit den 1970er Jahren v. a. informell beschäftigte Frauen mit Versicherung und Krediten, Gesundheitsversorgung, Kinderbetreuung, Schulungsmaßnahmen und einem Ausbildungszentrum für Funktionärinnen. Grund genug für die Frauen*solidarität, Namrata Bali, Geschäftsführerin von SEWA, zur internationalen Tagung „Der Multis neue Kleider" im Frühjahr 2001 nach Wien einzuladen. Hier tauschte sie sich mit weiteren Expertinnen aus Südafrika, Chile, Deutschland und den Niederlanden über informelle Arbeit von Frauen in der Bekleidungsindustrie aus. Dies war der Beginn einer mehrjährigen Kooperation zwischen SEWA und Frauen*solidarität. So etwa bei der Informationsreise 2004 nach Indien, bei der Multiplikator:innen aus den Bereichen Politik, NGOs und Medien mit Gewerkschaften, NGOs und Unternehmen über Sinn und Zweck von freiwilligen Verhaltenskodizes diskutierten. In der Folge produzierte SEWA in Zusammenarbeit mit der Frauen*solidarität die DVD „Können Verhaltenskodizes Arbeiterinnen schützen?", die vor allem in Schulen und in der entwicklungspolitischen Bildungsarbeit Einsatz findet. Bei der Gründung des Internationalen Gewerkschaftsbundes ITUC 2006 in Wien war Namrata Bali ebenso mit dabei und führte mit der Frauen*solidarität einen Workshop zu informeller Frauenarbeit durch. Der produktive Austausch mit SEWA floss auch in den Folgejahren immer wieder in die Kampagnenarbeit der Frauen*solidarität ein.

Rosa Zechner

Kollektiv handeln
Frauen in der informellen Wirtschaft

Naila Kabeer

Wer sind die Frauen, die einer informellen Beschäftigung nachgehen? Nun, man findet sie hauptsächlich in isolierten, gelegentlichen (also auch unregelmäßigen), geografisch weit verstreuten sowie in Teilzeit und oft in Heimarbeit ausgeübten Tätigkeiten. Sie sind an den unsichtbaren Rändern der städtischen informellen Wirtschaft oder in entlegenen ländlichen Gebieten verortet. Sie sind häufig selbstständig erwerbstätig. Viele von ihnen stehen in unmittelbarer Konkurrenz zueinander – in Bezug auf Beschäftigungsmöglichkeiten, Bestellung von Produkten und Verkaufsplätzen für ihre Waren und Dienstleistungen. Eine Vielzahl dieser Frauen befindet sich an den Schnittstellen unterschiedlicher Arten von Ungleichheit: Klasse, Race/Ethnie, Kaste, Beschäftigung und Rechtsstatus. Somit stellt der Aufbau einer gemeinsamen Identität und gemeinsamer Interessen eine noch größere Herausforderung dar. Arme erwerbstätige Frauen sehen sich einer Reihe von Schwierigkeiten gegenüber, wenn es darum geht, kollektiv zu handeln; und es ist sehr unwahrscheinlich, dass sie sich Gruppen oder Organisationen anschließen, die Ungerechtigkeiten – insbesondere aus feministischer Perspektive – anprangern. Mit hoher Wahrscheinlichkeit beschränken sie ihre Strategien auf die traditionellen „Waffen der Schwachen": versteckte Subversion und Widerstand im Alleingang.[1]

Individuelle Handlungsfähigkeit, auch wenn sie noch so strategisch eingesetzt wird, destabilisiert nur selten größere strukturelle Ungleichheiten. In diesem Beitrag geht es daher um kollektive Formen des Handelns, die darauf abzielen, den Strukturen von geschlechtsspezifischer Diskriminierung zu begegnen.

Rahmenbedingungen des kollektiven Handelns

Für formal beschäftigte Frauen war es von jeher einfacher, sich in Wirtschaftssektoren mit einer starken Gewerkschaftspräsenz an kollektiven Maßnahmen zu beteiligen, allerdings mussten sie dabei mit der historisch tief verwurzelten männlichen Dominanz in vielen dieser Gewerkschaften fertigwerden. Vor ganz anderen Herausforderungen stehen Frauen, die ihren Lebensunterhalt im informellen Sektor verdienen, ihre eigenen Unternehmen und landwirtschaftlichen Betriebe führen oder gelegentlich Lohnarbeit verrichten. Obwohl sie die Mehrheit der erwerbstätigen Frauen im Globalen Süden bilden, gibt es hier nur wenige Gewerkschaften. Darüber hinaus ist es aufgrund der großen Streuung ihrer Tätigkeiten sehr unwahrscheinlich, dass spontanes, selbstorganisiertes, kollektives Handeln entsteht.

Verschiedene Organisationen wie Frauengruppen, entwicklungspolitische NGOs, Rechts- und Menschenrechtsorganisationen, kirchliche Gruppen, nationale und internationale Interessenverbände haben die Organisierung dieser Beschäftigten erleichtert. Diese Organisationen wurden häufig als Gewerkschaften registriert, um die Arbeitnehmerinnenidentität ihrer Mitglieder zu unterstreichen, die sonst meist nur in ihrer sozial zugeschriebenen Identität als Mütter, Ehefrauen, Töchter gesehen werden – und sich auch selbst so sehen. Jedoch unterscheiden sich diese Organisationen von traditionellen Gewerkschaften.

Ein frühes Beispiel dafür ist die Self Employed Women's Association (SEWA) in Indien, die 1971 vom Frauenflügel der Textile Labour Association (TLA) gegründet wurde. In der TLA waren nämlich erwerbstätige Frauen, die in der Textilbranche als Gelegenheitsarbeiterinnen beschäftigt waren oder selbstständig arbeiteten, nicht vertreten.[2] Der Versuch, die neue Organisation als Gewerkschaft zu registrieren, wurde von Regierungsbeamt:innen mit der Begründung abgelehnt, dass sich Gewerkschaften durch Kollektivvertragsverhandlungen zwischen Arbeitnehmer:innen und Arbeitgeber:innen auszeichnen; selbstständig erwerbstätige Frauen hätten per Definition keine:n Arbeitgeber:in. SEWA argumentierte erfolgreich, dass selbstständige Frauen gerade deshalb eine Gewerkschaft bräuchten, um Kollektivvertragsverhandlungen führen zu können, allerdings mit einem größeren Kreis von Akteur:innen, nämlich Arbeitgeber:innen, lokalen Regierungsbeamt:innen, der Polizei und Zwischenhändler:innen. Eine ihrer ersten Maßnahmen als eingetragene Gewerkschaft bestand darin, sich für staatlich zertifizierte Ausweise einzusetzen, durch die der Status ihrer Mitglieder als Erwerbstätige formal anerkannt wird.

Das „Streitrepertoire"

Organisationen informell beschäftigter Frauen neigen dazu, die Aktionsformen etablierter Gewerkschaften wie Schließung der Geschäfte, Streiks und Kollektivvertragsverhandlungen zu vermeiden. Darin spiegelt sich ihre Angst wider, dass eine konfrontative Politik die Existenzgrundlage der Frauen gefährden könnte. Diese Organisationen verfügen nicht über die strukturelle Macht der traditionellen Gewerkschaftsbewegung; Frauen werden oft in schlecht bezahlte und prekäre Arbeitsverhältnisse gedrängt und haben nur geringe Finanzpolster, auf die sie im Falle von Jobverlust zurückgreifen können.

Speziell im Kontext sozialer Bewegungen hat sich das „Streitrepertoire"[3] als geeigneterer Ansatz erwiesen, um die Rechte von prekär Beschäftigten zu verteidigen und zu fördern. Dazu zählen Politiken der Information und der Symbole, des Ausübens von Druck und Einforderns von Verantwortlichkeit mit einem starken Fokus auf Verhandlungen, Einflussnahme, Überzeugungsarbeit und Bündnisbildung. Trotz der vielfältigen Formen, Kontexte und

Arbeitsbedingungen, die diese Organisationen voneinander unterscheiden, lassen sich bestimmte Gemeinsamkeiten in ihren Bemühungen erkennen, das kollektive Handeln ihrer Mitglieder zu fördern.

Es geht vor allem darum, ihre Mitglieder für den Wert der von ihnen verrichteten Arbeit zu sensibilisieren, ihr Selbstwertgefühl zu stärken und sie über ihre Rechte als Frauen, Erwerbstätige und Bürgerinnen aufzuklären. Im ländlichen Südasien beispielsweise geht es bei den regelmäßigen Treffen der Selbsthilfegruppen um Themen in Zusammenhang mit der Existenzsicherung. Gleichzeitig bieten diese Zusammenkünfte den Mitgliedern aber auch die Gelegenheit, ihre Lebensgeschichten zu erzählen, ihre Erfahrungen der Unterdrückung zu teilen und selbstgewählte Solidaritätsbande jenseits der sozial zugeschriebenen Familien- und Verwandtschaftsbeziehungen zu knüpfen.[4] In Nicaragua führt die Frauengewerkschaft der Textilindustrie MEC Workshops auf Gemeindeebene durch, um Fragen der häuslichen Gewalt und der reproduktiven Gesundheit zu diskutieren und ihre Mitglieder für die durch die Verfassung und die nationalen Gesetze garantierten Rechte und Ansprüche zu sensibilisieren. Das Women on Farms Project in Südafrika hat sich bereits früh mit Klassenzugehörigkeit beschäftigt, weshalb bei den Schulungen für Landarbeiterinnen arbeitsrechtliche Aspekte im Vordergrund standen. Im Laufe der Zeit entwickelte sich daraus eine breiter aufgestellte Strategie mit einer ausdrücklich feministischen Agenda.[5]

Gesetze haben sich als wichtiges Instrument für die Organisierung informell Beschäftigter erwiesen. Diese ermöglichen, sich auf die Macht des Staates zu berufen, um die Wahrung der durch die Verfassung garantierten Rechte sicherzustellen. Das Konzept der „staatsbürgerlichen Rechte" bietet somit einen wichtigen Rahmen für die Analyse der Bemühungen informell beschäftigter Frauen um kollektives Handeln und soziale Verbesserungen, da es die Frage der Handlungsfähigkeit in den Mittelpunkt stellt. Eine wichtige Lehre aus der Geschichte ist, dass kollektive Kämpfe ausgegrenzter Gruppen dazu beitragen, diesen einen Zugang zu ihren Rechten als Staatsbürger:innen zu schaffen und zu erhalten.[6]

1 Kabeer, Naila; Milward, Kirsty; Sudarshan, Ratna (2013): Organising women workers in the informal economy. In: Gender and development 21(2), 249–263.

2 Hill, Elizabeth (2010): Worker identity, agency and economic development (London, New York: Routledge).

3 Tilly, Charles (1978): From mobilization to revolution (Reading, MA: Addison Wesley).

4 Kabeer, Naila (2012): Between affiliation and autonomy: navigating pathways of women's empowerment and gender justice in Bangladesh. In: Development and change 42(2), 499–528.

5 Solomon, Collette (2013): Understanding the dynamics of an NGO/MBO partnership: Organizing and working with farm workers in South Africa. In: Kabeer, Naila; Sudarshan, Ratna; Milward, Kirsty (eds): Organizing women workers in the informal economy. Beyond the weapons of the weak (London: Zed Press), 73–99.

6 Kabeer, Naila (2021): Three faces of agency in feminist economics: capabilities, empowerment and citizenship. In: Berik, Günseli; Kongar, Ebru (Hrsg.): The Routledge handbook of feminist economics (London, New York: Routledge), 99–107.

Nigerias dezentrale Designkultur gegen das globale Modediktat

Joana Adesuwa Reiterer

Laufstege, Haute Couture, Ikonen und renommierte Designer:innen – für die meisten wohl der Inbegriff von Mode. Die breite Masse in Nigeria verbindet Design jedoch mit dem in den lokalen Medien und online präsentierten Glamour, der in Alltagsstyles umgesetzt wird. Millionen talentierte Kleinunternehmer:innen in Nigeria bedienen ihre Mode-Kundschaft unter widrigsten Umständen.

2014 wurde das Modeprojekt Joadre (joadre.com/) ins Leben gerufen – mit dem Ziel, vulnerablen Personen, insbesondere Frauen, zu wirtschaftlicher Unabhängigkeit zu verhelfen: Der Einsatz zentralisierter Prozesse hätte bedeutet, dass 80 % der Einnahmen nie in die Taschen der Erzeuger:innen selbst gelangt wären. Deshalb beschlossen wir, die bestehende dezentrale Designkultur in Nigeria zu nutzen. Inzwischen konnten 300 Schneider:innen (rund 75 % davon Frauen) empowert werden, von denen nun viele ihren eigenen kleinen Betrieb besitzen.

Dank der von Joadre in verschiedensten Handwerks- und Wirtschaftsbereichen angebotenen Schulungen entwickelten viele Unternehmer:innen ein Geschäftsmodell, das ihnen ein Einkommen aus ihren Erzeugnissen, Dienstleistungen und der Ausbildung anderer sichert. Ihre Hauptkundschaft ist lokal; Joadre hat jedoch auch eine E-Commerce-Plattform für das internationale Publikum. Durch Initiativen wie Auftragssourcing und Matchmaking produzieren einige Erzeuger:innen für internationale Unternehmen wie EZA Fairer Handel oder soulbottles.

Die Gründung der Joadre-Bildungsplattform ergab sich aus dem Bestreben, möglichst vielen Interessierten zu vermitteln, wie ein Unternehmen aufgebaut und geführt werden kann. Die Plattform erreicht jährlich über 25.000 Afrikaner:innen auf dem Kontinent und in der Diaspora. 65 Produzent:innen aus dem Joadre-Projekt sind Teil dieses Mode- und Handwerksnetzwerks.

Erfreuliche Beispiele aus der Praxis: 2015 stieß Taiwo zu Joadre, wo sie ausgereiftere Techniken in der Modeerzeugung erlernte. Nach drei Jahren bezahlter Lehre und Ausbildung konnte sie gemeinsam mit ihrem Verlobten, ebenfalls Schneider, ihre eigene, mittlerweile florierende Erzeugung in Lagos beginnen und bildet jetzt selbst vier Schneider:innen aus. Abosede kam 2014 zu Joadre und führt nunmehr ihr eigenes Kleinstunternehmen, zukünftig auch im Prêt-à-porter-Modegeschäft. Produzent:innen, die ein angemessenes Einkommen erzielen und wirtschaftlich unabhängig sind, haben Vorbildwirkung für die ganze Gemeinde.

Joadre allein kann die globale Wegwerfkultur nicht abstellen. Vielmehr muss ein neues dezentrales Wirtschaftssystem entstehen, wie man es in indigenen Kulturen vorfindet. Die globale Modebranche produziert aufgrund künstlich erzeugter Nachfrage im Vorhinein. Durch ein dezentraleres Modell können mehr KMU direkt wirtschaften und dabei von der Produktion bis zum fertigen Produkt im Austausch mit den Kund:innen sein. Diese stärkere Verbindung zwischen Kund:innen und Produktion fördert zudem die Kultur des Reparierens und Wiederverwertens.

Die Millionen Straßenschneider:innen und KMU verfügen zwar nicht über die Massenproduktionskapazitäten wie ihre den Weltmarkt überschwemmenden Pendants in China, Indien und anderswo, aber sie können unserer Weltwirtschaft ein Vorbild sein. Bei Joadre – mit seinen dezentralen Strukturen – stehen der Designgedanke und das kollektive Gemeinwohl im Mittelpunkt. Diese *dezentrale Design-to-finish-Kultur* kann unter Nutzung moderner Technologien ein neues, an der Kreislaufwirtschaft orientiertes System für nachhaltige Mode und Design schaffen.

Nelken mit dem Duft des Todes
Blumenproduktion in Kolumbien –
das erste österreichische EZA-Frauenprojekt
Ulrike Lunacek

„Nelken mit dem Duft des Todes" – so plakativ wie dramatisch war der Titel des von Eva Kreisky, Lizzi Feiler und mir verfassten Artikels[1] über „Concientización" (Bewusstmachung), das 1982 von der Frauen*solidarität initiierte Selbsthilfe- und Beratungszentrum für Frauen in der kolumbianischen Blumenindustrie. Es war das erste Frauenprojekt der österreichischen staatlichen Entwicklungszusammenarbeit.[2]

Das Beispiel der „Arbeit in den Blumen", so die in Kolumbien gängige Bezeichnung, war für die Frauen*solidarität ein hervorragendes Lehrstück für die weltweite Vernetzung von Frauenleben und Frauenarbeit sowie für alle Themen, die in der globalen Politik damals wie heute aktuell sind: Ressourcenverbrauch (Land und Wasser) für Exportproduktion statt für Eigenbedarf, Deviseneinnahmen für den Staat, der diese jedoch nicht für die armen und ärmsten Bevölkerungsschichten – vorrangig Frauen – zur Verfügung stellt(e), Einsatz von schon damals andernorts verbotenen Pestiziden und Insektiziden und minimale Bezahlung bei Ausbeutung und sexueller Belästigung der Arbeiterinnen.

Warum wurden so kurzlebige und schwierig zu transportierende Produkte wie Nelken und Rosen ein kolumbianischer Exportschlager – für das Beschenken von Frauen zu Mutter- und Valentinstagen? Ein gutes Klima, fruchtbares Land und billige weibliche Arbeitskräfte waren verfügbar.

Ab 1965 wurde der Zierpflanzenanbau im Hochland rund um die kolumbianische Hauptstadt Bogotá rapide ausgeweitet. Mit Blumen war um einiges mehr Geld zu machen als mit Weideland;

ein neues Investitionsfeld entstand für Großgrundbesitzer und Unternehmen. Der Beginn der Blumenindustrie fiel genau in die Phase der stärksten Verdrängung von Frauen aus dem industriellen Sektor – und da taten sich mit den Blumengewächshäusern Tausende neue Arbeitsplätze für Frauen auf. Doch hinter der „Farbenpracht der Nelken und dem Duft der Rosen" verbarg sich die triste Arbeits- und Lebenswirklichkeit der Blumenarbeiterinnen.

Laut Umfrage des Beratungszentrums litten damals 65 % der Arbeiterinnen an Allergien, Hautausschlägen, Geschwüren, Herzanfällen, Leber- und Lungenleiden, Sehstörungen, Menstruationsstörungen, Unfruchtbarkeit. Auch Fehlgeburten und Säuglingssterblichkeit waren sprunghaft angestiegen.

Vom krebserregenden Insektizid Aldrin, einem Organochlorpestizid, wurden 1980 890 Kilogramm in den Blumenbetrieben der Sabana von Bogotá eingesetzt – obwohl damals schon in Europa verboten und auch in Kolumbien Restriktionen ausgesetzt. Der Wasserverbrauch war enorm, sodass schon bis 1985 der Grundwasserspiegel massiv gesunken war. Der immense Pestizideinsatz und die unsachgemäße Entsorgung trugen zur Verseuchung von Grund und Trinkwasser und zur gesundheitlichen Gefährdung der Bevölkerung bei. Schon zum Valentinstag 1984 forderten Aktivistinnen der Frauen*solidarität mit einem Strauß Nelken vom damaligen FPÖ-Handelsminister Steger ein Exportverbot für bei uns verbotene Pestizide und eine Herkunftsdeklaration für Importblumen.

„Concientización" brachte für die Blumenarbeiterinnen einige Erfolge: Die Gewerkschaft zeigte mehr Interesse; der öffentliche Druck brachte die Unternehmen dazu, das Arbeitsrecht besser einzuhalten und sorgsamer mit Chemikalien umzugehen, etwa durch verpflichtende Schutzkleidung.

Auf diesen Erfahrungen aufbauend begann die Frauen*solidarität die „Blumenkampagne", die ab Ende der 1980er Jahre in Österreich und Deutschland von der NGO FIAN weitergeführt wurde. Die Forderungen von Zivilgesellschaft und Konsumentenschutz nach „fair gehandelten" Blumen wurden stärker. 1996 startete der kolumbianische Unternehmerverband ASOCOLFLORES eine eigene Nachhaltigkeits-Initiative (florverde.org). Heute ist ASO-COLFLORES Teil der Floriculture Sustainability Initiative (fsi2025. com), einer Brancheninitiative, die ökologische wie soziale Nachhaltigkeit verbessern will, jedoch nicht selbst zertifiziert.

Von 1999 bis 2012 gab es mit dem Flower Label Program (FLP) ein gewisses Angebot, laut FIAN konnten in den 14 Jahren des Bestehens „rund 20.000 Menschen auf Blumenfarmen in Afrika, Asien und Lateinamerika feste Arbeitsverträge sowie Mutter-, Arbeits- und Gesundheitsschutz" in Anspruch nehmen. 2005 führte Fairtrade in Deutschland und Österreich die Marke für Blumen ein und arbeitet aktuell mit Farmen in Tansania, Kenia, Äthiopien zusammen. Fairtrade-Rosen werden in fast allen Supermärkten verkauft, in Deutschland wie in Österreich liegt der Marktanteil bei einem guten Drittel. In Österreich gab es mit fair gehandelten Blumen am Wiener Opernball von 2002 bis 2008 (mit Unterbrechungen) einen weithin sichtbaren Erfolg – seit 2010 werden wegen des ökologischen Fußabdrucks und besserer Arbeitsstandards Blumen aus EU-Produktion verwendet.

Fair gehandelte Blumen bleiben die Ausnahme am internationalen Schnittblumenmarkt, doch wie bei anderen Produkten: Es ist möglich, fair produzierte Rosen einzukaufen und damit die „Arbeit in den Blumen" zu verbessern.

---

1 In: Ernst, Andrea; Langbein, Kurt; Weiss, Hans (1986): Gift-Grün: Chemie in der Landwirtschaft und die Folgen (Köln: Kiepenheuer & Witsch), 193–201.
2 Vgl. Frauensolidarität / Feiler, Lizzi; Kreisky, Eva; Lunacek, Ulrike (1986): Bericht über die Evaluierung des Entwicklungshilfeprojektes „Kolumbien: Verbesserung der Arbeitsbedingungen der Arbeiterinnen in der Blumenindustrie im Gebiet Sabana de Bogotá" (Wien). Die angeführten Informationen stammen aus diesem Bericht.

Feministische Ökonomie
Die Verantwortung des Staates für das Private
Lucía Pérez Fragoso

Die wirtschaftliche und soziale Organisation unserer Gesellschaft stützt sich auf eine geschlechtsspezifische Arbeitsteilung, die den Frauen die unbezahlte Haus- und Sorgearbeit im privaten Bereich zuweist. Dagegen wird Männern die Funktion des Versorgers zugewiesen, die dieser durch Erwerbstätigkeit im öffentlichen Bereich ausübt.

In den lateinamerikanischen Ländern gibt es eine starke Polarisierung der Einkommensverteilung, da Frauen eine geringe formelle Beschäftigungsrate und ein niedriges Bildungsniveau aufweisen und beinahe die gesamte unbezahlte Haus- und Sorgearbeit leisten. Eine mexikanische Studie aus dem Jahr 2019 ergab, dass die Zahl der unbezahlten Arbeitsstunden in Mexiko 49 % aller im Jahr 2019 geleisteten Arbeitsstunden entspricht, jene der bezahlten Arbeitsstunden 47 %. Die verbleibenden 4 % entfallen auf die Produktion von Gütern, die ausschließlich für den Eigenbedarf bestimmt sind. Die durchschnittliche Wochenarbeitszeit der Bevölkerung ab zwölf Jahren zeigt ein deutliches Ungleichgewicht zwischen Frauen und Männern: Frauen leisten 39,7 Stunden unbezahlte Arbeit pro Woche, Männer dagegen nur 15,5 Stunden. Damit ist die Belastung durch unbezahlte Arbeit für Frauen fast dreimal so hoch wie für Männer.[1]

Um dieser geschlechtsspezifischen, Frauen benachteiligenden Arbeitsteilung entgegenzuwirken, fordern feministische Ökonom:innen, dass sich die Arbeitsteilung in Gesellschaften am Erhalt des menschlichen Lebens ausrichtet und nicht an seiner Ausbeutung. Die Analyse der unbezahlten Haus- und Sorgearbeit macht diese – und das ist eine der großen Errungenschaften der feministischen Ökonomie – nicht nur sichtbar, sondern sie misst damit den grundlegenden Tätigkeiten des täglichen Lebens der Menschen auch einen Wert bei. Somit wird die wirtschaftliche Akkumulation auch in Zusammenhang gestellt mit jenen Prozessen, die zur Erhaltung des Lebens notwendig sind.

Die Corona-Pandemie hat alle bestehenden wirtschaftlichen Probleme verschärft und die Notwendigkeit einer staatlichen Mitverantwortung bei der Sorgearbeit noch einmal deutlicher gemacht. Zum einen verdrängte schon der Rückgang der Wirtschaftsleistung viele erwerbstätige Frauen aus ihrer Arbeit. Und zum anderen führte die zunehmende Belastung durch unbezahlte Haus- und Sorgearbeit – etwa für pflegebedürftige Angehörige – dazu, dass eine beträchtliche Anzahl von Frauen aus dem Arbeitsleben ausscheiden musste. Denn wenn der Staat seine Sorgefunktionen in den Bereichen Bildung, Gesundheit und soziale Dienstleistungen nicht wahrnimmt, sind es die Frauen, die einspringen und so die Wirtschaft in Gang halten.

Zu den durch das gängige Wirtschaftsmodell schon vorhandenen Ungleichheiten zwischen Frauen und Männern kommt noch die Wechselwirkung mit anderen Unterscheidungskriterien wie soziale Schicht, Alter, ethnische Zugehörigkeit, sexuelle Orientierung und religiöses Bekenntnis. Wenn die Politik hier nicht mit Gesetzen und Maßnahmen eingreift, um diese zusätzlichen Ursachen für Diskriminierung zu beseitigen, können sich die Ungleichheiten ausweiten oder sogar verschärfen.

Die verschiedenen wirtschaftlichen Akteur:innen sind Familien und andere Privathaushalte, Staat, Unternehmen und Gemeinden. Der Konflikt um die unbezahlte Haus- und Sorgearbeit hat nicht nur mit ihrer ungerechten Aufteilung zwischen Frauen und Männern zu tun, sondern auch mit der ungerechten Aufteilung zwischen den Haushalten, privaten Unternehmen und öffentlichen, staatlichen Einrichtungen: Denn wenn eine:r dieser Akteur:innen seine:ihre Verantwortung für Haus- und Sorgearbeit nicht wahrnimmt, sie also z. B. nicht öffentlich über Kindergärten, Spitäler etc. bereitstellt und finanziert, müssen die anderen – und das sind großteils Frauen in privaten Haushalten – einspringen, da es sich um Tätigkeiten zum Erhalt des menschlichen Lebens handelt, die nicht unterlassen werden können.

Die Politik muss daher Gesellschaft so gestalten, dass die ungleichen Machtverhältnisse zwischen den Geschlechtern, die Bildungs- und Gesundheitsbedingungen sowie die materiellen und kulturellen Benachteiligungen berücksichtigt und in Richtung Geschlechtergleichstellung verändert werden. Wie die Wirtschaftswissenschaftlerin Antonella Picchio betont: „Die Politik (…) ist notwendig, um Ressourcen zu verwalten und die Aufteilung der individuellen, öffentlichen und sozialen Verantwortlichkeiten in Bezug auf die Qualität des Lebens festzulegen."[2]

Das Wichtigste ist daher die Steuerpolitik – sprich, die Politik der Steuererhebung und der Verteilung der öffentlichen Mittel. So viel Geld wie der Staat einnimmt, kann er auch ausgeben – und umverteilen. Damit können und soll(t)en Regierungen auf die Realität und gegebenenfalls auf Krisen reagieren.

Feministische Ökonomie befürwortet eine hohe direkte Besteuerung (Steuern auf Einkommen, Erträge, Gewinne und Erbschaften) für diejenigen, die mehr haben. Und sie spricht sich gegen indirekte Steuern wie die Mehrwertsteuer aus, da diese von der gesamten Bevölkerung gezahlt werden und bekanntlich regressiv sind. Das bedeutet, dass von Menschen mit höherem Einkommen ein geringerer Prozentsatz eingehoben wird als von Menschen mit niedrigerem Einkommen.

Neben der Steuerpolitik ist im Bereich der Makroökonomie die Schaffung von Arbeitsplätzen sowie von öffentlichen Betreuungsräumen – also Kindergärten, Pflegeeinrichtungen etc. – zur Umverteilung der Sorgearbeit maßgeblich. D. h. im Detail:

1. Es braucht beschäftigungspolitische Maßnahmen zur Beseitigung von geschlechtsspezifischer Segregation am Arbeitsmarkt. Diese geht nämlich so gut wie immer mit schlechterer Bezahlung für Frauen einher. Außerdem müssen Maßnahmen gegen informelle Beschäftigung, die keine arbeitsrechtlichen Sicherheiten bietet, und gegen Arbeitslosigkeit gesetzt werden.

2. Die Schaffung öffentlicher Betreuungsräume zur Umverteilung der Sorgearbeit ist maßgeblich, um es Frauen zu ermöglichen, diese Arbeit abzugeben, in den Arbeitsmarkt einzutreten und ein eigenes Einkommen zu erzielen – und damit finanziell unabhängig von männlichen Familienmitgliedern zu werden. Solange es diese Räume in qualitativ und quantitativ guter Form nicht gibt, wird es für Frauen sehr schwierig sein, unter denselben Bedingungen am Erwerbsleben teilzunehmen wie Männer.

Feministische Ökonomie will die wirtschaftlich-soziale Organisation der Gesellschaft verändern und damit zur Beseitigung von Ungleichheiten zwischen den Geschlechtern und zum Aufbau einer gerechteren Gesellschaft beitragen.

1   Vgl. Instituto Nacional de Estadística y Geografía (INEGI) (2019): Encuesta Nacional sobre Uso del Tiempo (ENUT). inegi.org.mx/programas/enut/2019/ (Zugriff am 9.6.2022), statistische Erhebung, die untersucht, wie viel Zeit Individuen ab dem 12. Lebensjahr in Mexiko für bezahlte sowie unbezahlte Arbeit aufwenden.
2   Picchio, Antonella (2009): Condiciones de vida: perspectivas, análisis económico y políticas públicas. In: Revista economía crítica 7, 34.

„Concientización", das 1982 von der Frauen*solidarität initiierte Selbsthilfezentrum für Frauen in der kolumbianischen Blumenindustrie und erste Frauenprojekt der österreichischen EZA, stärkte die Arbeiterinnen, die einen besseren Schutz gegen Pestizide forderten

oben: Die Frauen*solidarität auf ihrer jährlichen Klausur – 1984 sind Sigrun Berger (verst. 2021), Gerda Neyer, Andrea Ernst, Roser Mauler (verst. 2015), Ulrike Lunacek, Eva Kreisky und Lizzi Feiler (v.l.n.r.) mit dabei

unten: 1988 diskutieren Christa Esterházy, Frauenstaatssekretärin Johanna Dohnal (verst. 2010), Ulrike Lunacek (Moderation), Florence Onubogu und eine Aktivistin aus Simbabwe (v.l.n.r.) zum Thema „Was die Entwicklungshilfe den Frauen bringt"; © Eva Enichlmayr

II

oben: 1992 bringt die Frauen*solidarität die Ausstellung „México – Stadt der Frauen"
nach Wien ins Rathaus und gestaltet dazu ein umfangreiches Rahmenprogramm

unten: Ulrike Lunacek und Gundi Dick besprechen Details kurz vor der Eröffnung

III

1994 eröffnet die Frauen*solidarität mit einer im deutschsprachigen Raum einzigartigen Sammlung von Frauenzeitschriften aus dem Globalen Süden ihre Bibliothek

oben: 1994: Überraschungsfest für Mitbegründerin und Obfrau Sigrun Berger zum 60. Geburtstag im damaligen Büro der Frauen*solidarität in der Weyrgasse im 3. Wiener Bezirk

unten: 1997 kommt die nigerianisch-britische Schriftstellerin Buchi Emecheta (2. von l.) nach Wien – Schauspielerin und Sängerin Lena Rothstein (2. von r.) liest ihre Texte auf Deutsch; Diana Voigt (l., verst. 2009) moderiert; Christina Buder (r.) eröffnet die Veranstaltung

oben: Mit diesem Transparent fordert die Frauen*solidarität 1999 eine Erhöhung der Ausgaben für EZA auf 0,7% des BNP; Anlass war die Präsentation des Buches „Die Zukunft der Entwicklungszusammenarbeit" der damaligen EZA-Staatssekretärin Benita Ferrero-Waldner

unten: 2000 organisiert die Frauen*solidarität im Rahmen der Clean-Clothes-Kampagne den Jahresschwerpunkt „Let's run fair", dessen Höhepunkt die Teilnahme von ca. 300 Läufer:innen am Wien-Marathon ist

oben: Mit einer Protestkundgebung 2001 am Graben in Wien fordert die Frauen*solidarität die Firma Triumph auf, ihre Aktivitäten in Burma (heute Myanmar) einzustellen und auf den Philippinen die Vorgaben des Clean-Clothes-Kodex einzuhalten

unten links: 2001 organisiert die Frauen*solidarität das internationale Forum „Der Multis neue Kleider", an dem u. a. Namrata Bali (r., SEWA/Indien) und Rosie Makosa (l., SEWU/Südafrika) teilnehmen; © Karin Haider

unten rechts: Faire Arbeitsbedingungen in der Sport(bekleidungs)industrie fordern Pui-Lin Sham und Staphany Wong aus Hongkong bei ihrem Besuch im Rahmen der Fair-Play-Kampagne 2008 in Wien

oben: Das 20-Jahres-Jubiläum der Frauen*solidarität 2002 steht unter dem Motto „Den rebellischen Charakter bewahren"; das Team eröffnet das Fest mit einem Ständchen

unten: Bei der Konferenz „Women Crossing the Digital Divide" 2003 diskutieren v.l.n.r. Dorothy Okello, Birgit Weiss, Susanna George, Judith Gracey und Djurdja Knezevic (Moderation Brigitte Voykowitsch, 3.v.l.) über die Bedeutung von Informationstechnologien für Frauen im Globalen Süden; © Michaela Bruckmüller

oben: Zum 70. Geburtstag von Sigrun Berger 2004 gestaltet die Frauen*solidarität die Sondernummer 70 der Zeitschrift „Für dich soll's rote Rosen regnen"

unten: Die Radioredaktionsgruppe Women on Air begrüßt immer wieder internationale Gäst:innen in der Sendereihe Globale Dialoge; 2007 sind Claudia Rodrigues und Jandira Viviana Santos Duarte Silva, zwei Vertreterinnen kapverdischer Frauenorganisationen, zu Gast

oben: Mit Jackeline Rojas Castañeda (mit weißem Schal) von der kolumbianischen Organización Femenina Popular eröffnen die Frauen*solidarität und weitere NGOs 2007 die Kampagne „1 Mio. Freundinnen und Freunde der OFP"

unten: Sonia Pierre (in der Mitte, verst. 2011), ehemals Leiterin der Bewegung dominiko-haitianischer Frauen MUDHA, berichtet zuletzt im März 2011 in Wien über ihren Kampf gegen Rassismus und Sexismus

X

oben: Unter dem Motto „Schreiben für die Freiheit" liest und diskutiert die nicaragua-
nische Schriftstellerin Gioconda Belli auf Einladung von Frauen*solidarität, ÖFSE u. a.
2013 in der C3-Bibliothek; © Shila Auer/Paulo Freire Zentrum

unten: Ebenso 2013 ist die Schwarze Literatur- und Kulturwissenschaftlerin
Peggy Piesche (l.) auf Einladung von Frauen*solidarität und Referat Genderforschung
der Uni Wien in der C3-Bibliothek zu Gast; Belinda Kazeem moderiert

oben: Zum 80. Geburtstag von Sigrun Berger 2014 lädt die Frauen*solidarität Familie, Freund:innen und entwicklungspolitische Mitkämpfer:innen zu einem Fest ins Adria. Am Foto: Sigrun und ihr Mann Herbert (verst. 2021)

unten: Über mehrere Jahre hat die Frauen*solidarität zum Internationalen Frauentag gemeinsam mit QUEERAMNESTY die von Ulrike Lunacek (r.) moderierte Veranstaltung „Equality Matters – lesbische Stimmen weltweit" organisiert; 2014 liest die Schauspielerin Sophie Aujesky (l.)

oben: 2015 lädt die Frauen*solidarität gemeinsam mit anderen NGOs Vandana Shiva, Trägerin des Alternativen Nobelpreises, Umweltaktivistin, Naturwissenschaftlerin und Feministin, für den Vortrag „Eine gute Welt für alle" nach Wien

unten: 2017 diskutieren die Autorin Natasha A. Kelly und die Historikerin Claudia Unterweger unter der Moderation von Sushila Mesquita (v.l.n.r.) über Wissensproduktion und Geschichtsschreibung aus Schwarzer feministischer Perspektive; © Ulli Koch

oben: 2019 kommt die postkoloniale Theoretikerin und Aktivistin Chandra T. Mohanty (l.) auf Initiative der Frauen*solidarität erstmals nach Wien und diskutiert mit Nikita Dhawan über „Feminist Activism and Solidarity Across Borders"

unten: Seit 2016 verleiht die Frauen*solidarität gemeinsam mit den anderen C3-Organisationen den C3-Award für herausragende Vorwissenschaftliche Arbeiten; im Bild die Ausgezeichneten und Gratulant:innen von 2019; © Susanne Reiterer/Paulo Freire Zentrum

Khalida Messaoudi,
Algerien (1997)

Evelyn Shakir,
Libanon/USA (1998)

Amma Darko,
Ghana (1999)

Käthe L. Fleckenstein,
Deutschland (2000)

Patricia McFadden,
Simbabwe (2000)

Mirta Yáñez,
Kuba (2001)

Felina Santiago
Valdivieso,
Mexiko (2006)

Trinh Thi Minh Hà,
Vietnam/USA (2011)

Chamindra Weerawardhana,
Sri Lanka (2018)

Im Laufe der Jahrzehnte lädt die Frauen*solidarität neben den schon Erwähnten auch zahlreiche andere internationale Referentinnen ein; hier eine weitere kleine Auswahl.

oben: Mitarbeiterinnen und Vorstandsfrauen der Frauen*solidarität beim Betriebsaus-
flug 2020 nach Rohrendorf bei Krems, wo die 1953 von Sigrun Berger (vorne im Bild)
gefertigte Schnitzarbeit am Fassboden des 1.000-Eimer-Fasses von Lenz Moser zu
bewundern ist

unten: Die Zeitschrift frauen*solidarität im Wandel der Zeit (1982 - 2002 - 2022)

XVI

Weibliches Gesundheitspersonal in China heute

Astrid Lipinsky

Als zu Beginn der 1980er Jahre China noch zu den ärmsten Ländern der Welt gehörte, waren Frauen so gleichberechtigt, wie es Mao vorgesehen hatte: „Sie tragen die Hälfte des Himmels." 84 % von ihnen arbeiteten (in der OECD waren es zur selben Zeit 61 %), und etwa genauso wenige wie Männer, nämlich 10 %, erlangten eine höhere Bildung. Solange allein der Staat die Löhne zahlte, war der Unterschied gering. Staat und staatlicher Arbeitgeber teilten mit den Frauen die „geschlechtsspezifischen Kosten" der Kinderbetreuung vor Ort, und bezahlter Mutterschaftsurlaub war selbstverständlich. Allerdings galt das immer nur für eine Minderzahl von Städter:innen in Staatsbetrieben, deren Anteil aktuell zugunsten des privaten Servicesektors sinkt.

Das Gesundheitspersonal in China ist heute überwiegend weiblich. Neben Ärzt:innen und Krankenpfleger:innen (90 % Frauen) spielen in Krankenhäusern, aber auch in der häuslichen Pflege sogenannte Assistenzen – ausschließlich Frauen, keine Ausbildung, niedrigst bezahlt, eher älter, häufig vom Land – eine tragende Rolle. Ohne sie kommt kein:e Patient:in aus. Sie sind für alles zuständig, vom Wechseln des Bettzeugs bis zur Beköstigung. Ein wenig Bildung sollten sie auch haben, um beispielsweise das regelmäßige Temperaturmessen erledigen zu können (einschließlich Protokoll und Ergebnisbericht an die „richtige" Schwester). Für das Krankenhaus sind sie unsichtbar: Die Krankenschwestern erhielten zu spät und zu wenig Covid-Schutzkleidung, die Assistenzen gar keine. Dafür war aber ihre Infektion ein sofortiger Entlassungsgrund, vor dem auch die Vermittlungsagentur, bei der sie angestellt waren, sie nicht schützte.

Frauen in Chinas Städten arbeiten 51 Stunden pro Woche und damit deutlich länger als Männer (45 Stunden). Weibliche Assistenzen arbeiten unbegrenzt: Sie klagen über maximal sechs Stunden Nachtruhe, müssen ihren Patient:innen aber auch nachts bei Bedarf unbegrenzt zur Verfügung stehen. Wir kennen die Bilder von ihrer Gästematratze direkt neben dem Krankenbett. Die „Alternative" ist ein Schlafplatz im Wohnheim der Vermittlungsagentur, den sie bei einer Infektion sofort verlieren.

In den Sozialen Medien werden Bilder von Krankenschwestern verbreitet, die sich die Köpfe scheren, damit ihre Haare nicht in die Maske rutschen, und Frauen gelobt, die auf Schminke verzichten, um eine Maske tragen zu können. So versucht der Chinesische Frauenverband den selbstlosen Opfergeist der Frauen hervorzuheben und damit natürlich ihren Patriotismus. Nicht ihre medizinische Professionalität steht im Vordergrund, sondern ihre Quasi-Mütterlichkeit im Job.

Die Assistenzen, die Chinas alternde Bevölkerung in den Privathaushalten pflegen, bleiben unsichtbar. Die Vermittlungsagenturen, die z. B. auch von deutschen Stiftungen unter dem Motto der „Arbeitsbeschaffung für Frauen" in China gefördert werden, bieten u. a. Kurztrainings anstelle einer qualifizierten Ausbildung. Damit hätten die Frauen Anspruch auf ein besseres als das gebotene Gehalt. Tatsächlich greifen Klient:innen bei Bedarf auf ihr persönliches Netzwerk zurück und zahlen den Assistenzen entsprechend mehr, bieten Zusätzliches wie die Schulkosten der Kinder oder eine Weiterbildungsmöglichkeit. Die Assistenzen und ihre Angehörigen werden gewissermaßen Familienmitglieder.

Literatur
China Labour Bulletin (2020): Women workers on the frontline in the battle against the coronavirus. clb.org.hk/content/women-workers-frontline-battle-against-coronavirus
Fang, Fang (2020): Wuhan Diary. Tagebuch aus einer gesperrten Stadt. Übersetzt von Michael Kahn-Ackermann (Hamburg: Hoffmann & Campe).

Global Care Chains
Wie Pflegearbeit ungleich verteilt wird
Ewa Palenga-Möllenbeck

Joanna, eine Polin Mitte 30, lebt 130 Kilometer von Krakau entfernt. Nachdem ihr Mann schwer erkrankte, entschied sie sich – wie viele polnische Frauen – dafür, in Deutschland zu arbeiten und alte Menschen zu pflegen. Joanna pendelt in Intervallen von sechs Wochen, wobei sie sich mit ihrer eigenen Mutter abwechselt. Wenn sie abwesend ist, teilen sich ihr Mann und ihre Mutter die Betreuung des Sohnes und der Großmutter; nach jeweils sechs Wochen tauschen sie diese Rollen. Dieses Beispiel illustriert gut das Phänomen der globalen Versorgungskette.¹ Care-Arbeit wird an Migrant:innen „weitergereicht", die einen Teil ihres damit erzielten Einkommens für die Versorgung ihrer eigenen Familie ausgeben. Haushaltsarbeit – Putzen, Kochen, Betreuung von Kindern und Altenpflege – gilt als stark vergeschlechtlichte (feminisierte) und unterbewertete Arbeit. Sie ist einerseits notwendig, andererseits wird sie gesellschaftlich und ökonomisch geringgeschätzt.

Weltweit wird eine Zunahme bezahlter Care-Arbeit in privaten Haushalten beobachtet, oft ausgeführt von Migrant:innen bzw. Angehörigen ethnischer Minderheiten. Bei den globalen *care chains* besteht zwischen Angebot und Nachfrage ein Machtgefälle, das sich auf drei Ungleichheitsstrukturen stützt und diese zugleich reproduziert: Geschlecht, Ethnizität und Klasse.

Der Anteil von Migrant:innen in der Care-Arbeit ist sehr unterschiedlich. Er hängt u. a. davon ab, wie Care-Arbeit im jeweiligen Zielland organisiert und finanziert ist – sind Kinderbetreuung und/oder Altenpflege öffentlich organisiert, wie etwa in den skandinavischen Ländern, oder sind sie eher eine private, familiäre

Angelegenheit, wie in Südeuropa und teilweise in Mittel- und Osteuropa? Diese Ausgestaltung der Care-Politik in Verbindung mit der Migrationspolitik ist das, was die Nachfrage nach Migrant:innen als Arbeitskräfte in diesem Sektor entscheidend mitprägt.

Charakteristisch für diese neuere Form der Migration ist ihre zeitliche Begrenztheit: Menschen emigrieren nicht mehr einmalig von einem Nationalstaat in einen anderen, sondern pendeln zwischen zwei Ländern – ein Phänomen, für das sich der Begriff „transnationale Migration" durchgesetzt hat. Diese temporäre Migration ist politisch erwünscht und entspricht den Migrationspolitiken der EU. Hochqualifizierte können sich in der Regel dauerhaft in den Zielländern niederlassen, während Niedrigqualifizierte sich hier nur auf Zeit aufhalten sollen – je nach den Bedürfnissen der Zielländer und ohne dass für diese soziale „Begleitkosten" entstehen.

Die transnationalen Migrant:innen lassen in der Regel ihre Familien zurück und leben ein Familienleben „auf Distanz". Gleichzeitig pendeln sie jedoch regelmäßig zu ihren Familien. Die moderne Kommunikationstechnik trägt dazu bei, dass die meisten Migrant:innen täglich mit ihren Familien kommunizieren. Diese temporäre Abwesenheit der Frauen hinterlässt zweifellos eine Care-Lücke. Denn auch in den Entsendeländern Osteuropas ist die Care-Arbeit traditionell eine familiäre Angelegenheit. Wenn Frauen zur Arbeit ins Ausland gehen und eine Zeit lang nicht in der Familie physisch anwesend sind, wird die Care-Arbeit weiterhin meistens zwischen Frauen aufgeteilt; teilweise wird sie von Großmüttern, aber auch Geschwistern und Freundinnen übernommen; als letzte Alternative schließlich werden Außenstehende dafür bezahlt.[2]

In Deutschland und Polen haben sich die seit Anfang der 90er Jahre existierenden, stark ethnisierten und vergeschlechtlichten informellen Arbeitsmarktsektoren, u. a. in den Bereichen Altenpflege, Kinderbetreuung und Reinigung, zwar legalisiert, jedoch werden die Kriterien der Legalität immer wieder verletzt. Im Sektor der Haushaltsarbeit wird vor allem informell gearbeitet. Hinzu kommt die ebenso allgemeine Tendenz der Prekarisierung der Arbeitswelt: Das Normalarbeitsverhältnis geht zurück, befristete Verträge, Teilzeit, (Schein-)Selbstständigkeit nehmen zu. In diese Entwicklung stößt die globale oder – wie hier transnationale – Dynamik hinein. Zwischen Polen und Deutschland entsteht so ein neuer transnationaler Care-Markt mit Agenturen, die Altenpfleger:innen in die Privathaushalte entsenden oder als Selbstständige vermitteln. In Österreich ist diese Transnationalisierung der Altenpflege zur offiziellen Care-Politik geworden; in Deutschland dagegen boomt der binationale Vermittlungsmarkt im privaten Sektor weitgehend unreguliert.[3] Dies, obwohl es sich schätzungsweise um 450.000 osteuropäische Care-Arbeiter:innen pro Jahr handelt[4] und die deutsche Pflegepolitik deren Präsenz zumindest implizit voraussetzt. Durch die wirtschaftlichen Asymmetrien zwischen Ost- und Westeuropa scheint die transnationale Altenpflege eine perfekte Lösung für die Care-Krise zu sein und schafft gleichzeitig Vorteile für den Wohlfahrtsstaat, die Arbeitsmärkte und die Haushalte. Allerdings bringt dieser neue transnationale Arbeitsmarkt-Sektor keine guten Arbeitsbedingungen mit sich. Viele polnische Care-Arbeiter:innen bieten als (Schein-)Selbstständige ihre Leistungen an. So wird dieser Bereich zwar zunehmend formal semi-legalisiert, jedoch werden aus all diesen mobilen Altenpfleger:innen, Putzkräften und Kinderbetreuer:innen „Unternehmen" konstruiert, von denen man kaufmännische Fähigkeiten erwartet, die diese aber in den seltensten Fällen erfüllen.[5]

Auf diese Weise stellt die neue Mobilität innerhalb der EU nach der Osterweiterung eine neue Dimension der Prekarisierung der Haushaltsarbeit dar, welche aufgrund ihrer Verortung in der privaten

Sphäre ohnehin schon durch eine Machtasymmetrie zwischen Arbeitgeber:innen und Arbeitnehmer:innen sowie eine zeitliche und räumliche Entgrenzung von Arbeit und Leben gekennzeichnet ist. Durch diese verschiedenen Formen (de facto) abhängiger Arbeit verschwimmt die Grenze zwischen „legal" und „illegal" noch mehr, was den rechtlichen Status der Migrant:innen weiter verkompliziert.

1 Hochschild, Arlie (2001): Globale Betreuungsketten und emotionaler Mehrwert. In: Hutton, Will; Giddens, Anthony (Hrsg.) (2001): Die Zukunft des globalen Kapitalismus (Frankfurt am Main: Campus), 157–176.
2 Lutz, Helma; Palenga-Möllenbeck, Ewa (2011): Das Care-Chain-Konzept auf dem Prüfstand. Eine Fallstudie der transnationalen Care-Arrangements polnischer und ukrainischer Migrantinnen. In: GENDER. Zeitschrift für Geschlecht, Kultur und Gesellschaft 3 (1), 9–27.
3 Vgl. Aulenbacher, Brigitte; Lutz, Helma; Schwiter, Karin (Hrsg.) (2021): Gute Sorge ohne gute Arbeit? Live-in-Care in Deutschland, Österreich und der Schweiz (Weinheim: Juventa).
4 Benazha, Aranka; Leiblfinger, Michael; Prieler, Veronika; Steiner, Jenny (2021): Live-in-Care im Ländervergleich. In: ebd., 46–65.
5 Palenga-Möllenbeck, Ewa (2021): „Lade Deine Superkräfte wieder auf": Vermittlungs- und Entsendeagenturen und das Konzept der guten Arbeit in der Live-in-Betreuung. In: Aulenbacher, Brigitte; Lutz, Helma; Schwiter, Karin (Hrsg.), Gute Sorge ohne gute Arbeit? Live-in-Care in Deutschland, Österreich und der Schweiz (Weinheim: Juventa), 106–126.

Man muss sich wehren!
Elena Popa und die Praktiken der Vermittlungsagenturen
Rosa Zechner

Rund 62.000 Personen – vorwiegend Migrantinnen – sind derzeit in Österreich in der 24-Stunden-Betreuung tätig. Die zunächst illegal(isiert)e, aber politisch geduldete Arbeit ist ab 2007 verrechtlicht worden, womit Österreich eine Vorreiterrolle in dieser Form der Betreuung und Pflege alter Menschen innehat. Die Betreuer:innen arbeiten als selbstständige Unternehmer:innen und kommen großteils aus Rumänien und der Slowakei.

Elena Popa ist eine von ihnen. Ursprünglich Köchin, absolvierte Popa 2013 eine Ausbildung zur Betreuerin und pendelt seither im einmonatigen Rhythmus zwischen Rumänien und Österreich.[1] Sie hat ausbeuterische Praktiken in der Vermittlung von Personenbetreuerinnen vermehrt ins Licht der Öffentlichkeit gerückt.[2] Z. B. machte sie die Praxis von Agenturen, gefälschte Zertifikate für Pfleger:innen-Kurse auszustellen, publik. 2015 gründete sie die Facebookgruppe „Feriti-va de intermediari tepari" (Haltet euch fern von betrügerischen Vermittlern), in der Rumäninnen unter anderem ihre Erfahrungen mit den Vermittlungsagenturen austauschten: überhöhte Gebühren, versteckte Provisionen, Inkassovollmachten, Wucherpreise für die Fahrten etc. Bis zur Schließung 2018 erreichte die Gruppe an die 30.000 Mitglieder. Die thematisierten zweifelhaften Geschäftspraktiken wurden häufig mit Andreea O., Betreiberin zahlreicher rumänischer Agenturen, in Verbindung gebracht. Diese verklagte Popa wegen übler Nachrede und Kreditschädigung, weitere Agenturen und Personen aus dem Umfeld von O. erhoben in der Folge auch Anklage.

Zwei der insgesamt fünf Prozesse gewann Popa. Bei zwei weiteren hat sie inzwischen alle nationalen Rechtsmittel in Rumänien ausgeschöpft und in der Folge über einen Anwalt Beschwerde beim Europäischen Gerichtshof für Menschenrechte in Straßburg eingereicht. Diese beiden Verfahren sind nun beim EGMR anhängig. Der fünfte Prozess wurde Ende 2021 zuungunsten von Popa entschieden: Der dafür bereits bezahlte Anwalt ist dem Auftrag, Berufung einzulegen, nicht nachgekommen. Das Resümee von Popa zu den Prozessen: „Bei allen, die ich verloren habe, war derselbe Richter." Und auch bei den beiden Anwält:innen, die sie in Rumänien mit ihrer Verteidigung beauftragte, vermutet sie Verbindungen zu Andreea O.

Mit ihrer Facebookgruppe hat Elena Popa den Grundstein für die Selbstorganisierung von rumänischen Betreuer:innen und Aktivist:innen gelegt. Viele von ihnen sind seit 2020 unter dem Namen DREPT (Deutsch: Recht) weiterhin aktiv. Sie gründeten gemeinsam mit Iniciativa24, der slowakischen Schwesterorganisation, die IG24 – Interessengemeinschaft der 24-Stunden-Betreuer_innen.[3]

Elena Popa ist Mitglied bei DREPT und IG24 und verfolgt mit großem Interesse deren Aktivitäten. Dass sie selbst mit „ihren Familien" großes Glück hat(te) und ihre Arbeit liebt, betont sie mehrmals. Auch ist sie, was die Agenturen betrifft, unabhängig und organisiert sich ihre An- und Rückreise stets selbst. „Aber man muss sich doch gegen all diese Ungerechtigkeiten wehren", sagt sie. Und sie hofft auf Gerechtigkeit in Straßburg. Mit einer Entscheidung bezüglich der beiden anhängigen Verfahren ist allerdings frühestens in zwei Jahren zu rechnen.

---

1 Die Informationen zu Elena Popa beziehen sich großteils auf ein Interview, das ich Anfang März 2022 mit ihr an ihrem Arbeitsplatz in der Nähe von Graz führte.
2 2017/18 haben mehrere österreichische Zeitungen darüber berichtet.
3 ig24.at

6.

Umwelt und Klima

Flüsse und Seen trocknen aus; in den Städten sterben immer mehr Menschen an teils tropischer Hitze; die industrielle Landwirtschaft verursacht massives Artensterben; die Gletscherschmelze gefährdet die Trinkwasserversorgung; auftauende Permafrostböden stoßen mehr Methan in die Atmosphäre ab; Tornados verwüsten Städte; Abholzung gefährdet Siedlungen und den Lebensraum von Wildtieren.

All das passiert in den letzten Jahren exponentiell auch in Europa. Doch Menschen im Globalen Süden, vor allem in armen, abgelegenen Gebieten, kämpfen mitunter seit Jahrzehnten gegen diese von uns Menschen verursachten brutalen Veränderungen des Lebens auf diesem Planeten. Und es sind vor allem Frauen, die sich Baggern entgegenstellen, die aufbegehren gegen Staudämme, die nicht-industrielles Saatgut verwenden und von der Fischverarbeitung leben wollen, die Bäume pflanzen. Und sie wollen mitbestimmen, welche Entscheidungen getroffen werden.

In diesem Kapitel lässt „Global Female Future" Kämpferinnen um Wasser, Nahrung, saubere Luft, Land und Einkommen – Kämpferinnen um ein „Buen Vivir", ein „gutes Leben für alle" – zu Wort kommen.

Das Licht im Wald
Friedensnobelpreisträgerin Wangari Maathai und ihre Tochter Wanjira Mathai

Margit Maximilian

Nairobi und seine Staus. Autos, Kleinlaster, vollgepferchte Minibusse, in denen vom langen Tagwerk erschöpfte Menschen schläfrig aus den Fenstern blicken. Jeden Tag das Gleiche. Nun soll eine Stadtautobahn Erleichterung schaffen. Das Betonungetüm ist bald fertig. Eine Straße über der Straße. Bald wird aber auch das nicht mehr reichen, unken viele. Dann braucht es noch eine Straße über der neuen Straße. U-Bahnen gibt es in Subsahara-Afrika keine.

Und dann ist Sonntag. Im Uhuru-Park sitzen Familien im Gras, Kinder spielen, Händler:innen verkaufen bunte Luftballons und kalte Getränke. Im riesigen Karura-Wald, 15 Minuten vom Zentrum entfernt, laufen sich Menschen fit, atmen frische Luft, bleiben manchmal stehen und bewundern die Affen in den mächtigen, alten Bäumen.

Ohne die 2011 verstorbene Veterinärmedizinerin und Biologin, Aktivistin und Friedensnobelpreisträgerin (2004) Wangari Maathai, die 1977 das Aufforstungsprojekt Green Belt Movement gegründet hat, gäbe es all das nicht mehr. Geplant war ein 60-stöckiger Gebäudekomplex mit Tausenden Parkplätzen, einer Parteizentrale der Einheitspartei und einem mächtigen Denkmal des Autokraten Daniel arap Moi im Uhuru-Park. Und der Karura-Wald wäre jetzt Heimstätte für Büros und schöne Villen von Neureichen, mit Pools und SUVs vor der Einfahrt.

Aber das ist natürlich nur ein winziger Teil der Geschichte. „Ich habe zwölf Jahre lang mit meiner Mutter gearbeitet", sagt Wanjira Mathai, Umweltschützerin, Aktivistin und Tochter der Nobelpreisträgerin, die von 2003 bis 2005 auch kenianische Vize-

Umweltministerin war, im Interview, „erst da habe ich richtig zu schätzen gelernt, was sie in den Jahrzehnten davor geschafft hat. Als Frau im Zentrum, das war Avantgarde."

„Alles Gute kommt von der Natur", hat sie oft gesagt. Sie hat so sehr daran geglaubt. „Jede Stadt braucht Grünraum, das wissen wir heute. Aber damals, vor 20, 30 Jahren, war das unglaublich fortschrittlich. Damals, während des Kampfes für den Karura Forest, habe ich begriffen, wie großartig und mutig der Kampf meiner Mutter war."

Internationale Beachtung fanden die kenianischen Kämpferinnen erst nach und nach; erst wurden sie verfolgt und eingesperrt. „Aber dann", erzählt Wanjira, „in den Jahren nach dem Nobelpreis sah ich, wie sehr sie es genossen hat, ökonomische Zusammenhänge zu erklären und weiterzutragen. Und, erinnern wir uns, als sie als erste Frau Afrikas den Friedensnobelpreis bekam, war das natürlich nicht unumstritten. Ständig musste sie wiederholen, wie sehr Umwelt, Frieden und Frauenrechte miteinander verwoben sind."

Heute habe die globale Jugendbewegung mit ihren eigenen Mitteln viel erreicht, meint Wanjira Mathai, die nicht nur im Green Belt Movement ihrer Mutter maßgeblich mitarbeitet; sie führt auch die Wangari Maathai Foundation und ist Afrika-Direktorin des World Resources Institute – Letzteres undenkbar vor 20 Jahren, sagt sie. Solche Funktionen seien Leuten aus dem Norden vorbehalten gewesen. „Top-Jobs für Afrika gab es niemals für Menschen aus Afrika."

Was heute ein wenig fehle, beklagt Wanjira, sei die Solidarität: „Als wir für den Karura Forest gekämpft hatten, da hatte ich eine Telefonnummer, eine Fax-Nummer, die wir in Sekundenschnelle zu Hilfe rufen konnten, wenn wir in Schwierigkeiten waren. Jetzt sind wir in Bereichen, in denen es Mut erfordert, oft sehr einsam."

51 Millionen Bäume[1] hat das Green Belt Movement bisher in Kenia gepflanzt. Als „Mama Miti", die „Mutter der Bäume", 2011 starb, sagten viele, „ach wie traurig", erzählt ihre Tochter Wanjira. Es war eine schwere Zeit. Oft sei sie gefragt worden, wie es denn sei, im Schatten einer solchen Frau zu stehen. Ein dunkles Bild, dem sie seither gern ein helles entgegenstellt: „Wenn ein Mammutbaum im Wald fällt", sagt sie, „dann durchdringt ein Licht den Wald, das andere Bäume gedeihen und in den Himmel wachsen lässt." Nie habe sie deshalb das Gefühl gehabt, im Schatten ihrer berühmten Mutter zu stehen, im Gegenteil: „Ich war privilegiert. Ich suhle und wärme mich in ihrem Licht. Sie hat den Raum geschaffen, der es so vielen von uns ermöglicht hat, zu blühen und zu gedeihen."

Wangari Maathai, aber auch ihre Tochter Wanjira haben viel Raum geschaffen für Solidarität. Vor allem mit den Ärmsten dieser Welt – einen Raum, den es auszufüllen gilt. Bis heute.

1 greenbeltmovement.org/what-we-do/tree-planting-for-watersheds

Frauen in Westafrika gegen die Fischindustrie

Fatou Samba, Präsidentin der Khelcom-Kooperative für Fisch-
verarbeiterinnen, im Gespräch mit Marianne Lämmel

Welche Bedeutung hat die handwerkliche Fischerei für die Menschen im Senegal?

Gott hat unser ganzes Leben vom Fischfang abhängig gemacht,
denn wir Lébous[1] leben hauptsächlich davon. Wer den Senegal
kennt, weiß, dass über 70 % der lokalen Wirtschaft vom Fischfang
abhängen.

Welchen Bedrohungen ist die handwerkliche Fischerei in Westafrika ausgesetzt?

Die größte Bedrohung ist die industrielle Fischerei. Nachts verlassen die Industrieschiffe die Hohe See und kommen bis auf zehn
Kilometer an die Küste heran, wo sie mit den handwerklichen Piro-
gen konkurrieren und die Gewässer plündern. Aber auch die Fisch-
mehlfabriken sind unser Unglück, denn sie verbrauchen eine große
Menge Fisch und verfügen über eine Finanzkraft, die wir nicht
haben. Um ein Kilo Fischmehl herzustellen, brauchen sie fünf Kilo
frischen Fisch – und das Fischmehl geht als Tierfutter in den
Export an Schweine, Hunde und Katzen, während es den Menschen
bei uns an Nahrung fehlt.

Woran sehen Sie die Folgen von Klimakrise und Umweltzerstörung besonders?

Die Klimakrise hat vieles durcheinander gebracht. Die Hitze
hält länger an und Hitze- und Kälteperioden werden härter. Das
beobachten wir auch an den Fischen im Meer: Klimastörungen
beeinträchtigen ihre Lebensdauer und tragen zum Verlust von
Artenvielfalt bei.

Inwiefern sind Frauen besonders von den Folgen der illegalen Fischerei und Überfischung betroffen?

In Westafrika ernähren wir unsere Familien durch die handwerkliche Fischerei. Die Männer fischen und die Frauen sind für die Verarbeitung zuständig. Damit sichern wir Frauen den Schulbesuch der Kinder sowie die täglichen Ausgaben, wenn die Männer aufgrund von schlechtem Fischfang oder Fischmangel nicht dafür sorgen können. Die Fischverarbeitung ist ein Beruf, den wir von unseren Großmüttern und Müttern erben.

Leider gibt es immer weniger Fisch zum Verarbeiten. Eine Kiste Sardinella (Gold- oder Große Sardine) kostet etwa 40.000 CFA-Francs und eine mit Tass (eine andere Sardinellensorte) etwa 20.000 CFA-Francs. Früher konnte man eine Kiste Sardinella für 2.000 CFA-Francs haben – und schon das war für die Verarbeiterin teuer. Wenn die Verarbeiterin zu den heutigen Preisen eine Kiste kauft, wird es für sie schwierig, den verarbeiteten Fisch weiterzuverkaufen.

Warum wurden die fischverarbeitenden Frauen von den politischen Entscheidungsträger:innen vernachlässigt?

Früher gab es keine Organisation im Verarbeitungssektor. Jede Frau arbeitete, um ihr eigenes Heim zu schaffen. Gott sei Dank sind heute alle Verarbeitungsbetriebe in Interessenverbänden organisiert. Wenn es keine Frauen in den Entscheidungsgremien gibt, werden ihre Stimmen nicht berücksichtigt. Die neue Generation von Frauen kann den Kampf verändern. Frauen können dem Fischerei- und Fischverarbeitungssektor zum Fortschritt verhelfen, wenn man ihnen Verantwortung überträgt und auf sie hört.[2]

Welche Lösungen gibt es für die handwerkliche Fischerei?
Wir wollen die Verstaatlichung von Fisch, insbesondere von Sardinella. Dies würde den Senegales:innen ermöglichen, zu bleiben, zu arbeiten und für ihren Lebensunterhalt zu sorgen, zumal es an anderen Arbeitsmöglichkeiten mangelt. Sardinella sollte eine Quelle der Entwicklung für den Senegal sein. Deshalb darf der Fisch nicht weiter geplündert werden, denn wir brauchen ihn zum Überleben.

Was können Einzelpersonen außerhalb Afrikas tun, um sich mit fischverarbeitenden Frauen in Westafrika zu solidarisieren?
Wir fordern die Entscheidungsträger:innen weltweit dazu auf, den traditionellen Fischereisektor zu unterstützen. Die Großindustrie ist hauptsächlich für die Zerstörung unserer Umwelt verantwortlich. Der Industrie müssen Regeln auferlegt werden, damit die Ausübung der Küstenfischerei respektiert wird. Wir fordern eine Win-win-Situation zwischen industrieller und handwerklicher Fischerei, ohne dabei den wichtigen Beitrag der handwerklichen Fischerei zur Wirtschaft zu vergessen. Der Staat sollte uns dabei helfen, die Abkommen einzuschränken, wenn nicht gar auszusetzen, damit die Fischer und die verarbeitenden Frauen weiterhin ihre Familien unterstützen und für ihre Gesundheit sorgen können.

1 Senegalesische Küstenbewohner:innen
2 CFA-Francs = Francs de la Coopération Financière en Afrique; zentral- und westafrikanische Einheitswährung, früher an französischen Franc, heute an Euro gebunden. 40.000 CFA entsprechen ca. 62 Euro (Stand April 2022).

Erste Erfolge für mehr Mitsprache in der Fischerei

Fatou Samba verdient ihren Lebensunterhalt, wie rund 1.000 andere Frauen auf dem Fischverarbeitungsplatz Khelcom in Bargny, mit dem Salzen, Trocknen, Räuchern, Einlegen und Verkaufen von Fisch. Sie engagiert sich u. a. gegen den Bau eines Stahlwerks in der Nähe, da diese Firma die OECD-Leitsätze im Bereich Menschenrechte und Umwelt nicht beachtet haben soll. So wie sie und ihre Kooperative setzen sich Frauenkooperativen in ganz Westafrika für mehr Mitbestimmung ein. Die Kolleginnen in Côte d'Ivoire erzielten 2020 nach gutem Lobbying für eine Verbesserung des EU-Côte-d'Ivoire-Fischereiabkommens einen Erfolg, der ihnen Mut machte: Sie konnten einen Großkühlcontainer für die Konservierung und Verarbeitung von Fisch kaufen. Im selben Jahr gelang es den Interessenverbänden der handwerklichen Küstenfischerei im Senegal, die Regierung davon abzubringen, ca. 50 Fanglizenzen für Oberflächenfisch und Seehecht an ausländische Unternehmen zu vergeben, die sich billigst in senegalesische Kleinunternehmen eingekauft hatten.

cffacape.org/news-blog/this-is-the-first-time-fishing-communities-are-seeing-a-concrete-positive-impact-of-the-agreement-with-the-european-union

fair-oceans.info/keine-lizenz-zum-fischen-oktober-20

Marianne Lämmel und Ulrike Lunacek

Der Fluss und die Senatorin
Isabel Zuletas Weg in den kolumbianischen Senat

Im Jahr 2008 begann am Mittellauf des Río Cauca, des zweitwichtigsten Flusses Kolumbiens, der Bau eines gigantischen Projekts: des Wasserkraftwerks Hidroituango in der Gemeinde Ituango im Nordwesten des Landes. In diesem Gebiet wütete, wie in vielen Teilen Kolumbiens, jahrzehntelang der bewaffnete Konflikt. Gewalt und Tod waren das täglich Brot der Bevölkerung. Das von Empresas Públicas de Medellín (EPM) durchgeführte Wasserkraftprojekt tarnt sich als Beitrag zur Energieentwicklung und stellt für den kolumbianischen Staat ein lukratives Geschäft dar. Für die Umwelt- und Menschenrechtsbewegung Ríos Vivos bedeutet das Hidroituango jedoch die Zerstörung des Ökosystems des Cauca-Flusses und damit für die meist ländliche Bevölkerung in den betroffenen 27 Gemeinden den Verlust ihres Lebensunterhalts, ihrer Kultur und ihres kulturellen Gedächtnisses.

Die Bewegung Ríos Vivos, die seit 14 Jahren die Gebiete um den Río Cauca verteidigt und dabei immer wieder die Rentabilität und Nachhaltigkeit des Megaprojekts infrage stellt, lebt durch die soziale Kraft der dortigen Bewohner:innen. Sie entstand auf Initiative der aus Ituango stammenden Umweltaktivistin Isabel Cristina Zuleta, Dozentin an der Universität von Antioquia in Medellín, heute Senatorin des politischen Bündnisses Pacto Histórico.[1]

Als Paramilitärs Isabel Zuleta als 14-Jährige zwangsrekrutieren wollten, floh sie aus ihrer Heimat. Während ihres Soziologiestudiums in Medellín arbeitete sie mit Frauen zusammen, die Opfer von Gewalt geworden waren. Als sie in ihre Heimat zurückkehrte und die Führung von Ríos Vivos übernahm, brachte sie eines mit: Mut, entstanden durch ihren Widerstand gegen die Gewalt.

Einen Mut, der sich auf die Bewegung Ríos Vivos übertrug, auf ihre Nachbar:innen, auf die Frauen, die nach ihren im Krieg verschwundenen Kindern, Geschwistern und Ehemännern suchen, auf die Goldwäscher:innen, Fischer:innen und Bäuer:innen, auf alle, die vom Wasser des Río Cauca und seinem Ökosystem leben. Es gilt, ihn vor den rücksichtslosen und menschenverachtenden Plänen des Hidroituango-Projekts zu retten und zu schützen. Nicht nur Isabel Zuletas Mut, sondern auch ihre Forschungsarbeiten als Soziologin an der Universität von Antioquia tragen zur Bewegung bei. In ihrer Abschlussarbeit beschäftigte sie sich mit dem Thema Vertreibung und bewaffneter Konflikt, forschte dafür in 40 Dörfern und erstellte eine soziologische Übersicht über das Gebiet von Ituango.

Seit 2008 wurden im Einflussgebiet des Staudamm-Unternehmens 2.094 Personen Opfer gewaltsamen Verschwindens durch alle drei am Konflikt beteiligten Gruppierungen: Paramilitärs, Guerrilla und Armee. Dies ist das Ergebnis der Untersuchungen der „Speziellen Gerichtsbarkeit für den Frieden".[2] Der Bau des 225 Meter hohen Damms sowie die Überschwemmungen nach der Flutung des Stausees haben die Leichen der Verschwundenen noch mehr verschwinden lassen. Die Suche nach ihnen ist ebenso ein Ziel von Ríos Vivos wie die Suche nach Wahrheit und Gerechtigkeit sowie die Forderung nach dem „Nie Wieder" der Gewalt der letzten Jahrzehnte.

Momentan wird der Staudamm von Ituango von vier Militärbasen bewacht. Rückblickend auf die vergangenen 14 Jahre leistete Ríos Vivos unzählige Widerstandsaktionen, sechs ihrer führenden Mitglieder wurden ermordet und auch Isabel Cristina Zuleta wurde verhaftet und bedroht. Die Bewegung Ríos Vivos, die in Kolumbien zu einem Maßstab für partizipatorische Demokratie geworden ist, wurde zur „Bewegung für das Wasser und das Leben" (Movimiento por el Agua y la Vida). Diese hat sich mit der Senatskandidatur der Umweltschützerin und Feministin Isabel Zuleta in die repräsentative Demokratie eingebracht. Als Senatorin will sie nun „gemeinsam mit der Bevölkerung Vorschläge machen" und damit „die Macht der Bürgerinnen und Bürger zum Ausdruck bringen".

Das historische Ergebnis des „Pacto Histórico" bei der Präsidentschafts-Stichwahl Mitte Juni 2022 gibt auch der Arbeit von Isabel Zuleta und ihren Kolleg:innen im Senat Auftrieb: Mit Gustavo Petro, dem früheren Bürgermeister von Bogotá, errang erstmals ein linker - in europäischem Verständnis sozialdemokratisch-grüner - Kandidat mit der afrokolumbianischen Vizepräsidentschaftskandidatin Francia Márquez die Mehrheit und bewies mit seiner Regierungsbildung, dass er seine Wahlversprechen ernst nimmt: Mehr als die Hälfte der Minister:innen sind Frauen, zahlreiche Indigene und Öko- sowie Friedensaktivist:innen gehören ebenfalls dazu. Bei seiner Amtseinführung sprach Petro davon, dass nun das „Kolumbien des Möglichen" beginnt, für und mit jenen Bevölkerungsgruppen, die bisher ausgeschlossen waren.

1 Der „Historische Pakt" ist ein breiter Zusammenschluss von verschiedenen politischen Parteien und sozialen Bewegungen für die Parlaments- und Präsidentschaftswahlen 2022. Anerkannte Persönlichkeiten der Zivilgesellschaft kandidierten für Mandate in den beiden Kammern des kolumbianischen Kongresses, so auch Isabel Zuleta.

2 Jurisdicción Especial para la Paz (JEP) ist die Justiz-Komponente der im Rahmen des Friedensvertrags von 2016 vereinbarten Wahrheitskommission „Sistema Integral de Verdad, Justicia, Reparación y No Repetición".

Angst, die zum Motor wird
Wie Bertita Cáceres um Gerechtigkeit für ihre 2016 in Honduras ermordete Mutter kämpft

Mirra Banchón

22,5 Jahre Haft für David Castillo – dieses Strafausmaß für einen der Drahtzieher des Mordes an Berta Cáceres am 2. März 2016, der indigenen Anführerin und Kämpferin gegen den Agua-Zarca-Staudamm in Honduras, wurde am 20. Juni 2022 verkündet, fast zwölf Monate, nachdem er schuldig gesprochen worden war. Fast zwölf Monate, in denen die Veröffentlichung des Strafausmaßes ein ums andere Mal verschoben wurde. Obwohl sie bedauern, dass David Castillo nicht die Höchststrafe erhalten hat, sind sich Bertha Zúñiga Cáceres – auch Bertita genannt – und ihre Geschwister am 20. Juni 2022 einig: „Endlich, ein wichtiger Schritt – aber es darf nicht das Ende der Suche nach den wirklich Verantwortlichen sein". Sechs Jahre, nachdem ihre Mutter, die Goldman-Preisträgerin[1] 2015, in ihrem eigenen Haus wegen ihres Widerstands gegen Agua Zarca erschossen wurde, ist ein wichtiger, aber kein endgültiger Schritt gegen die Straflosigkeit getan.

„Bis jetzt wurde Castillo von den wahren Mächtigen geschützt, den Investoren, die hinter diesem abscheulichen Mord stehen. Trotz der Tatsache, dass sie Terror säen, sind wir immer noch organisiert!", versicherte Bertita, die jetzige Gesamtkoordinatorin des Zivilen Rates der Volks- und Indigenenorganisationen von Honduras (COPINH). Ihre Mutter leitete die Organisation und war 1993 Mitbegründerin.

In einem Land, in dem die Straffreiheit bei rund 90 % liegt, war es sehr schwierig, dass die Regierung ein unabhängiges Expertenteam (Grupo Asesor Internacional de Personas Expertas, GAIPE) für die Ermittlungen akzeptiert. Doch durch öffentlichen – auch internationalen – Druck gelang es, schließlich war auch ein deutsches Unternehmen am Wasserkraftprojekt beteiligt. Im November 2017 veröffentlichte das GAIPE seinen Bericht „Der Plan zur Ermordung von Berta Cáceres", der die Absichten der Führungsspitze des Unternehmens Desarrollos Energéticos S.A. (DESA) offenlegt: Der ehemalige Geschäftsführer Castillo – ein in der US-Militärakademie West Point ausgebildeter honduranischer Militär – und die Auftragskiller stehen nur auf der unteren Ebene der Befehlskette hinter dem inzwischen eingestellten Agua-Zarca-Projekt. Die 17 Staudämme hätten den Gualcarque-Fluss zerstört, die Lebens- und Kulturquelle des Lenca-Volkes. Die Tatsache, dass Berta Cáceres den Widerstand ihres Volkes anführte, brachte ihr die Feindschaft der Chefs von Agua Zarca ein. Ihre Ermordung drohte zu Beginn ungestraft zu bleiben.

In diesem langen Kampf gegen die Straffreiheit erklärte Bertha Zúñiga Cáceres im Mai 2018 vor der Presse in Brüssel: „Wir fordern die europäischen Instanzen auf, Druck auf die wahren Drahtzieher auszuüben und so Einfluss auf die kriminellen Strukturen zu nehmen." Zu diesem Zeitpunkt ging die Untersuchungshaft für die mutmaßlichen Täter zu Ende. In der Zwischenzeit war sie selbst Ziel eines Attentats geworden, blieb aber glücklicherweise unverletzt. Honduras ist eines der gefährlichsten Länder für Umweltschützer:innen – oft bezahlen sie den Schutz ihres Territoriums und ihrer natürlichen Ressourcen mit ihrem Leben. Allein im Jahr 2016, dem Jahr der Ermordung von Cáceres, wurden laut Global Witness[2] 14 Umweltschützer:innen in Honduras ermordet.

„Die Verteidigung der Umwelt ist in Lateinamerika eine hochriskante Tätigkeit", sagt auch Erika González, Co-Regisseurin des Dokumentarfilms „La Ilusión de la Abundancia" (Die Illusion des Überflusses), der unter anderem die Geschichte der Verteidigung des Gualcarque-Flusses erzählt. „Ich lernte Bertita kurz nach der

Ermordung ihrer Mutter kennen. Die Integrität, mit der sie die Verantwortung übernahm, die plötzlich auf ihr lastete, hat mich sehr bewegt. Bei ihren Auftritten sprach sie manchmal von ‚Berta Cáceres‘, andere Male von ‚meiner Mami‘", fügt Erika González hinzu.

Die 1990 geborene Bertha Zúñiga Cáceres brach ihr Lateinamerika-Masterstudium in Mexiko ab, als die Nachricht von dem Attentat sie erreichte. Zurück in Honduras übernahm sie zunächst die Forderung nach Gerechtigkeit, die schnell über die Grenzen ihres Landes hinaus aufgegriffen wurde, und dann auf Beschluss von COPINH die Leitung der Organisation.

Mittlerweile wurden im Dezember 2019 sieben der acht Angeklagten für schuldig befunden: Vier wurden zu 34 Jahren Haft, drei zu 30 Jahren Haft verurteilt. Sie waren lediglich diejenigen, die den Abzug drückten, versicherten Angehörige, Verteidiger und COPINH. Das Urteil wartet auch immer noch darauf, rechtskräftig zu werden, das kann sich noch vier oder fünf Jahre hinziehen. So wie das Urteil gegen Castillo können auch die anderen wieder aufgehoben werden. Der Tochter von Berta Cáceres ist bewusst, dass der Kampf um Gerechtigkeit noch lange andauern wird, doch werde „dieses Urteil einen Präzedenzfall schaffen", sagt sie.

„COPINH ist nur deshalb immer noch so wichtig in Honduras, weil Bertha Zúñiga Cáceres die Kraft dazu hat", so Erika González, die mit ihr 2021 für die Doku in Honduras war. Ist ihr Leben in Gefahr? „Ja", antwortet González, und fährt fort: „Bertha kennt das Risiko, das sie eingeht. Aber die Angst, die sie immer wieder empfindet, wandelt sie in ihren Motor um. Sie wird vom Sinn für Gerechtigkeit angetrieben und ist nicht bereit, aufzugeben." Bertitas Mut sei die Quelle von Inspiration für viele.

---

1 Ein 1989 von Richard und Rhoda Goldman ins Leben gerufener Umweltschutz-Preis für Basis-Bewegungs-Aktivist:innen (goldmanprize.org).
2 globalwitness.org/tagged/honduras

ILO-Konvention 169
Meilenstein für indigene Rechte

Gaby Küppers

Schon 1989 hat die ILO-Vollversammlung die Konvention 169 der Internationalen Arbeitsorganisation (ILO), das „Übereinkommen über eingeborene und in Stämmen lebende Völker in unabhängigen Ländern", verabschiedet. Diese erläutert die Selbstbestimmungsrechte indigener Menschen hinsichtlich Identität, territorialer und anderer Besitzrechte, Sprache und Religion. 24 Länder haben sie seither ratifiziert, davon 15 aus Lateinamerika, nur fünf aus der Europäischen Union. Deutschland ließ sich vom wissenschaftlichen Dienst des Bundestages erst bestätigen, dass die Ratifizierung keinen Einfluss auf die eigene ethnische Minderheit der Sorb:innen habe. Im Juni 2022 trat ILO 169 schließlich in Deutschland in Kraft. In Österreich lehnte der Nationalrat schon 2001 – und das hat sich bis heute nicht geändert – die Ratifizierung ab, weil dies angeblich eine „Gefahr für Kohärenz und Ausgewogenheit des geltenden österreichischen Volksgruppenrechts" darstelle.

Dreh- und Angelpunkt für Indigene ist Artikel 6, der ihre „Freie, Vorherige und Informierte Zustimmung" (FPIC[1]) bei Großprojekten in ihrem Lebensraum vorsieht. In Zeiten zunehmender Rohstoffausbeutung im Globalen Süden wird ILO 169 stetig relevanter.

Allerdings ist FPIC ein Zankapfel, da nicht eindeutig definiert: Manche Unternehmen finden die „Zustimmung" schon mit einer schlichten Einberufung einer Vorstellungsrunde mit Anwesenheit von ein paar Leuten gegeben. Die Indigenen hingegen fordern eine Befragung, die auch mit einem Veto enden könnte. ILO 169 verpflichtet allerdings nicht Unternehmen, sondern Staaten.

Das Europäische Parlament (EP) kritisierte mehrmals, dass die ILO-Konvention 169 in EU-Handelsabkommen nicht aufgenommen wird. Wäre ILO 169 etwa zwischen EU und Honduras verbindlich, dann hätte es vielleicht Berta Cáceres[2] 2016 vor der Ermordung durch Schergen der Firma geschützt, die auf indigenem Gebiet ein Wasserkraftwerk bauen wollte.

Auch in anderen Ländern sind es mehrheitlich Frauen, die sich im (Umwelt-)Schutz indigener Territorien engagieren und dabei auf das in der ILO-Konvention 169 verbriefte Recht auf „erklärte Zustimmung" pochen. Nicht selten werden sie deshalb verfolgt. Die K'iche'-Indigene Lolita Chávez musste 2016 aus Guatemala fliehen, weil sie wegen ihres Kampfes gegen illegale Holzfäller und des Bestehens auf ILO 169 mit dem Tode bedroht wurde. Die Brasilianerin Antônia Melo kämpft weiter, obwohl ihr großes Projekt, die Verhinderung des Belo-Monte-Staudamms am amazonischen Xingu-Fluss, an der Weigerung der Anhörung von Indigenen durch Staat und beteiligte Unternehmen (auch aus Österreich und Deutschland) gescheitert ist. Zwei Dutzend Mal griff bislang der Interamerikanische Menschenrechtsgerichtshof ein, der ILO 169 für das „relevanteste Menschenrechtsinstrument zum Schutz indigener Rechte" hält. Seine Urteilssprüche sind rechtsverbindlich, aber er hat keine Sanktionsmöglichkeit. Selbst dieser sanfte Druck ist manchen zu viel: So droht etwa Brasiliens Präsident Bolsonaro mit dem Austritt. Ob die Wahl am 2. Oktober 2022 den u. a. bei Indigenen erhofften Regierungswechsel bringt, ist bei Drucklegung noch offen.

Wichtig wäre, dass weitere Länder ratifizieren. Und es sollte eine Vertragsrevision in zwei Punkten geben: erstens genau zu definieren, dass und wie Ablehnung möglich ist; zweitens eine Erweiterung um Frauenrechte – auf Basis eines Vorschlags aus der Feder indigener Frauen.

1   Englisches Akronym für Free, Prior and Informed Consent
2   s. „Angst, die zum Motor wird", S. 182.

Mein Körper, mein Territorium
Indigene Frauen gegen Raubbau-Kapitalismus
Rocío Silva Santisteban

Als ich ein fünfjähriges Mädchen war, fand mich meine Großmutter mit dem Ohr am Küchenboden klebend. „Pass auf, du wirst die Geister der Guaca[1] hören und sie werden dich in die Tiefe der Erde ziehen", warf sie mir vor. Das war ihre Art, mich davon abzuhalten, am Boden zu kriechen und mich schmutzig zu machen. Es hat mir große Angst gemacht. Ich hielt mein Ohr an den Boden, um dem Klang der Erde zu lauschen, dieser Pachamama (Mutter Erde), von der sie sprach. Obwohl ich selbst eine Städterin aus Lima, Mestizin und Asthmatikerin bin, lebt der einzigartige und mystische Sinn, den wir Lateinamerikanerinnen für unsere Erde haben, in mir auf eine angestammte Weise weiter. Es ist eine Empfindung, die wir vor der Vernunft verbergen und in der Erinnerung bewahren.

Schon seit Langem erfordern die interkulturellen Beziehungen zwischen der urbanen Welt und den Amazonas- und Andenvölkern in Peru ein tiefgreifendes Umdenken: Wenn wir von den „Wesen der Natur" sprechen, dann tun wir dies von einer anderen ontologischen Grundlage aus als in der westlichen Welt. Das ist der radikale Unterschied der Erwartungen an „Entwicklung" – mit allen dazugehörigen Adjektiven – zwischen der ländlichen Bevölkerung und den großen Bergbauprojekten, den Banken, Beamten, Bergleuten und den politischen Eliten. Und es sind die indigenen Frauen, die dies am deutlichsten verstanden haben und die mit ihrem Körper für das kämpfen, woran sie glauben.

Im Mai 2019 befragte eine junge Wirtschaftsstudentin bei einem Seminar drei Frauen aus dem Amazonasgebiet über die Möglichkeit, die Natur zu „bewerten". Als keine Antwort kam, habe ich als Moderatorin nachgefragt – und musste feststellen: Alle drei hatten die Frage bewusst ignoriert. Sie hatten es satt, dass sie der Natur einen Preis geben und sie in eine Ware verwandeln sollten, damit die westliche Welt ihren Wert verstehen kann. Alle drei wiesen sehr verärgert auf die Perversität des Versuchs hin, Natur an einem Ort zu „kaufen", um sie an einem anderen zu plündern. Für die drei indigenen Frauen war die Monetarisierung der Natur ein Unding. Alle drei empfanden die Natur als ein Lebewesen, das wir bewohnen und das uns bewohnt, das wir begleiten und das uns begleitet – wie die Guaca meiner Großmutter.

Die Frauen der indigenen Gruppen der Quechua, Yiné oder Harákmbut *leben* mit der Erde, gehören zur Erde. Daher steht die „Umwelt" nicht in einer Subjekt-Objekt-Beziehung, sondern in einer Subjekt-Subjekt-Beziehung; daher macht eine indigene Frau, die ihr Territorium verteidigt, es zum Subjekt.

Im November 2011 drang ein Schaufelbagger in das Land der Familie von Máxima Acuña de Chaupe ein, um ihr Lehmhaus zu zerstören und sie zu vertreiben; Jhilda, die jüngste Tochter, warf sich vor die Maschine, um sie aufzuhalten. Ein Polizist näherte sich und schlug sie mit der Vorderseite eines AKM-Maschinengewehrs. Máxima dachte, ihre Tochter sei tot und stürzte sich auf die Polizisten. Sie wurde brutal zusammengeschlagen. Wenn Frauen nichts haben, womit sie ihr Territorium schützen können, schützen sie es mit ihrem Körper.

„Mein Körper, mein Territorium", der Slogan lateinamerikanischer Feministinnen, wurde etwa beim mittlerweile eingestellten Kupfer- und Goldbergbau-Projekt Conga[2] in der Region Cajamarca oder bei der Antapaccay-Kupfermine des Schweizer Konzerns Glencore im Hochland von Cusco tagtäglich lebendig. „Mein Territorium, mein Körper" – und Tausende von Frauen, die an vorderster Front der Demonstrationen stehen, heben ihre Hände, lachen und schützen ihre Lagunen und Oberläufe der Flusseinzugsgebiete.

Wenn jedoch staatliche Beamte und lokale Anführer beschließen, sich an einen Verhandlungstisch zu setzen, werden die Frauen in die Küche geschickt, um das gemeinsame Mahl zuzubereiten. Die patriarchale Logik stellt die Verbindung zwischen den Anführern und den Beamten her: Ihr Dialog ist von Mann zu Mann. Es ist daher unmöglich, die angespannten Beziehungen und die verschiedenen Formen der Gewalt im Kampf um Land in Lateinamerika zu verstehen, ohne die Beziehungen zwischen dem „Abhängigen Patriarchat", dem Machismo, dem Kolonialismus und dem Raubbau-Kapitalismus durch Vertreibung zu berücksichtigen.

Diese sind in eine zutiefst ungleiche Gesellschaft eingebettet, die das Anderssein als etwas zu Opferndes betrachtet, die indigenen Ontologien als pantheistisch verachtet und die Frauen in den realen Räumen der Macht einmal mehr unsichtbar macht.

Angesichts dieser Situation wappnen sich die Frauen mit anderen Waffen: Fürsorge, Schwesternschaft, Führungsmethoden, die sich von den männlich-patriarchalen Methoden unterscheiden, und eine starke Verbindung zwischen Körper und Natur. Denn sie wissen, dass der Raubbau-Kapitalismus beide auf gleiche Weise ausbeutet.

Frauen im Widerstand gegen den Extraktivismus wenden eine Vielzahl kreativer Strategien an, von der Unterstützung bei der Betreuung der Kinder anderer Frauen bis hin zu reinen Frauendemonstrationen, um einen verstärkenden Effekt in den Medien zu erzielen. Indem sie ihr Land auf diese Weise verteidigen, fördern sie gleichzeitig die lokale Kultur, ihre künstlerischen Tätigkeiten und oft auch die Verbreitung von Gedichten und Liedern, um die Geschichte ihres Kampfes zu erzählen. Ihre Eigenkomposition „Yo soy una jalqueñita"[3] sang Máxima Acuña, als sie 2016 den Goldman-Preis[4] erhielt.

Auch das Bündnis zwischen Frauen vom Land und jenen aus der Stadt ist eine wirksame Strategie, die allerdings zu wenig genutzt wird. Die Schwesternschaft, wie im Fall von Máxima Acuña de Chaupe und ihrer Anwältin Mirtha Vásquez, der späteren kurzzeitigen Parlamentspräsidentin und Premierministerin, stärkt sowohl rechtliche als auch symbolische Strategien und bekräftigt die Sichtbarkeit der Frauenkultur.

Ich persönlich bin davon überzeugt, dass es notwendig ist, mit den Männern selbst über Machismo und das abhängige Patriarchat zu sprechen und hervorzuheben, dass die Bekämpfung von Gewalt gegen Frauen der gesamten Gemeinschaft zugutekommt. Je mehr Frauen sich frei und erfüllt und anerkannt fühlen und in Organisationen, Kommunen oder anderen regionalen Räumen mitwirken, desto besser wird es für die Gemeinschaft sein, insbesondere für die Kinder. Wenn die Frauen ihr Potenzial leben können, wird es besser gelingen, die Ernährungssouveränität zu schützen und die Auswirkungen des Klimawandels abzumildern. Die Anerkennung der Frauenkultur als Friedenskultur, als ein auf Fürsorge ausgerichtetes Leben, ist etwas, das wir als zivilisatorischen Paradigmenwechsel in Betracht ziehen müssen: Es ist ein konkretes Handeln, das wir Frauen uns, vereint, auf der ganzen Welt auf unsere Fahnen schreiben müssen.

---

1 Wak''a (Quechua; in kolonialen Dokumenten und auch heute oft huaca geschrieben) ist in der Kultur der Anden die Bezeichnung für lokale Gottheiten wie auch für den Ort der Anbetung.

2 Film „Hija de la laguna"(„Daughter of the Lake"/„Tochter der Lagune") von Ernesto Cabellos Damián über Conga-Projekt: hijadelalaguna.pe hijadelalaguna.pe/en/home

3 „Ich bin eine Jalqueñita" – eine Frau aus der Region Jalca im Anden-Hochland. Máxima Acuña hat u. a. dieses Lied geschaffen, obwohl sie weder lesen noch schreiben kann; als gute Cajamarquina weiß sie, wie man Karnevalslieder erfindet und singt.

4 s. Artikel „Angst, die zum Motor wird", S. 182

Ernährungssouveränität ist Lebensprinzip
Bäuerinnen in Chile wollen fairen Handel
Rosa Euler-Rolle

Eigentlich wollte sie Floristin werden und hat Blumen gezüchtet. Aber da sie schon als junges Mädchen in einem kleinen Ort in Chile die Verantwortung für ihre Familie übernehmen und Geld verdienen musste, hat sie – wie sie selbst sagt – in den sozialen und politischen Bewegungen mehr gelernt als in der Schule.

„Pancha" Francisca Rodriguez schloss sich schon mit zwölf Jahren der Kommunistischen Jugend an. Viele Jahre später gehörte sie zum Team des ersten Frauenstaatssekretariats in der demokratisch gewählten Regierung von Präsident Allende. Nach dem Militärputsch von 1973 engagierte sie sich aus dem Untergrund heraus für und mit Gruppen von Frauen, deren Familienangehörige politische Gefangene und Verschwundene waren oder ins Exil gehen mussten.

1979 entschied sie sich, den politischen Untergrund zu verlassen und sich in der Gewerkschaftsbewegung für feministische Anliegen zu engagieren. Sie war aktiv bei der Kampagne zu 500 Jahre Kolonisierung im Jahr 1992, beteiligte sich am Widerstand von Indigenen, Kleinbäuer:innen, aber auch der Schwarzen. Und sie war Mitbegründerin und Leiterin von CLOC, Koordination der lateinamerikanischen ländlichen Organisationen, die zu La Via Campesina[1] gehören.

Bis vor Kurzem führte Pancha Rodriguez auch mehr als 20 Jahre lang ANAMURI, die chilenische Vereinigung von Landfrauen und Indigenen, und kämpft weiterhin um drei Dinge: Ernährungssouveränität, Frauenrechte und die Verwirklichung sozialistischer Ideen.

Durch die Repression während der Diktatur, so erzählt Pancha Rodriguez im Gespräch, engagierten sich mehr und mehr Frauen in bäuerlichen Organisationen. Denn Pinochet machte Allendes Landreform zunichte: „Das bedeutete die Verfolgung und Vertreibung von Tausenden Familien von ihrem neu zugeteilten Land. Für viele Frauen war das ein Bewusstseinsschub. Sie stellten sich der Angst, überwanden sie – und als wir wieder zur Demokratie zurückkehrten, hatten wir schon unsere Organisationen, mit klaren Vorschlägen und Forderungen!"

Und sie schildert, warum in dieser Zeit der Aufbau von ANAMURI ein wichtiger Moment war: „Die Frauen merkten, dass sie eigene Frauenräume brauchen, außerhalb der gemischten Organisationen, in denen sie ihre Ideen und Träume ohne Einschränkungen zum Ausdruck bringen und ihre Zukunft planen können." In Hinblick darauf, dass dies ein anstrengender Prozess ist, erzählt Pancha in einem Interview[2] mit Via Campesina: „Es gibt uns so viel Kraft, uns als Feministinnen zu deklarieren, in einem Sektor, der immer als rückschrittlich und konservativ betrachtet wurde."

Und es haben sich Erfolge eingestellt. ANAMURI wird heute von Regierung und Parlament zurate gezogen. So freut sich die langjährige Vorsitzende darüber, dass viele ihrer Vorschläge Eingang in die neue chilenische Verfassung gefunden haben: Ernährungssouveränität wird ebenso festgeschrieben wie die Pflicht des Staates zur Beendigung der Gewalt gegen und Diskriminierung von Landfrauen; und zum ersten Mal wird die Unterstützung für die ländliche und indigene Landwirtschaft wie auch des handwerklichen Fischfangs und der lokalen Märkte festgehalten.

Die lokalen und traditionellen Lebensmittel sollten nicht dem Wettbewerb am Freien Markt ausgesetzt sein und die Agrarexporte müssten eingebremst werden. Ernährungssouveränität sei kein Slogan, betont Pancha, denn „für uns ist sie ein Lebensprinzip".

Und über Prinzipien werde nicht verhandelt – sie werden verteidigt.

„Wir verteidigen die Methoden unserer Vorfahren: Das Vermehren, Teilen und Verbessern von Saatgut hat bei uns seit Jahrhunderten Tradition. Diese Samen sichern die Nahrungsversorgung. Gerade angesichts des Krieges zwischen Russland und Ukraine sehen wir, wie wichtig weltweit die Unabhängigkeit von Importen von Lebensmitteln ist." – Und auch die Unabhängigkeit von genetisch verändertem Saatgut: Dies sei eines der großen Probleme für die Bäuer:innen. Oft sehen sie sich gezwungen, das eigene Saatgut aufzugeben und das teure, nicht wiedervermehrbare Hybrid- oder das patentierte GVO-Saatgut der großen Agrarkonzerne zu kaufen.

„Die Regierungen müssen die Produktion der Kleinbäuer:innen garantieren. Wir werden uns mit unseren Produkten nicht bereichern, für uns sind Nahrungsmittel kein Geschäft. Deshalb sollte der Staat seine Subventionen in die ländliche Bevölkerung investieren und nicht in die großen Agro-Konzerne. Wir wollen in der Politik mitmischen, für einen fairen Handel." Und sie fährt fort: „Alles, was die Regierungen gut machen, werden wir begrüßen; was sie nicht machen, werden wir einfordern; und was sie schlecht machen, werden wir bekämpfen."

---

1 Internationales Bündnis von Kleinbäuer:innen, Landarbeiter:innen, Landlosen u. a.; weltweit in über 80 Ländern aktiv: viacampesina.org/en/
2 viacampesina.org/en/pancha-rodriguez-food-sovereignty-is-about-deciding-to-change-the-world

Vandana Shiva und Generation Greta
Zwei Generationen von Umwelt-Aktivistinnen
Ulrike Lunacek

Weihnachten 1987: Ich bekomme das Buch „Yatra: The Journey"[1] der Inderin Nina Sibal geschenkt und verschlinge es in den Ferien. Erstmals lese ich von den Chipko-Frauen in den indischen Himalayas, die die Bäume umarmen, um sie vor Abholzung zu schützen. 1987 war das Jahr, in dem die Chipko-Bewegung mit dem Alternativen Nobelpreis ausgezeichnet wurde.

Die erste Aktion setzte diese frühe indische Umweltbewegung, getragen von Frauen, schon 1973. Vandana Shiva, die berühmte indische (Natur-)Wissenschaftstheoretikerin und Ökofeministin[2], engagierte sich bereits in den 1970er Jahren in der Bewegung. Gewappnet mit ihrem Wissen und ihren Erfahrungen tourte Shiva durch Europa und entwickelte sich zur Ikone des Widerstands gegen Natur- und Lebensraumzerstörung durch Intensivlandwirtschaft und Großkonzerne. 1993 wurde sie mit dem Alternativen Nobelpreis geehrt. Ihre Reden und Schriften sind gerade in der Entwicklungspolitik zu gefeierten Werken geworden, die schon mehrere Generationen von Kämpfer:innen für eine ökologisch und sozial gerechtere Welt geprägt haben. Auch ich habe durch ihre Argumente vieles verstanden; die frauen*solidarität berichtete mehrmals über sie.

Mittlerweile sind viele sehr junge Frauen – sie könnten ihre Enkelinnen sein – in ihre Fußstapfen getreten. Über einige berichtet der Film „Generation Greta: Aufstand der Jungen"[3]. Zwei dieser Aktivistinnen seien hier kurz erwähnt:

Melati Wijsen und ihre zwei Jahre jüngere Schwester Isabel gründeten mit zwölf bzw. zehn Jahren in ihrer Heimat Bali die Aktion „Bye Bye Plastic Bags" gegen Plastiksackerln und waren

194

nach sechs Jahren der Proteste und Verhandlungen erfolgreich: Seit 2018 gilt ein Verbot von Einwegplastiktüten auf der Insel. Melati Wijsen hat auch, wie sie im Film erzählt, Erfahrung mit Sexismus gemacht. So wurde ihr einmal geraten, sie solle doch Model werden, denn sie sei so hübsch …

Marinel Ubaldo war 16, als sie nach einem Taifun in ihrer Heimat, den Philippinen, die Zerstörung sah. Auch das Haus ihrer Familie war weggespült worden. Für sie war klar, dass sie nicht einfach dasitzen, auf die nächste Katastrophe warten und ihr ganzes Leben lang Opfer sein will. Sie sprach beim Pariser Klimagipfel 2015 vor der versammelten Weltgemeinschaft, denn mit zwei Grad Erwärmung kann der Point of no Return erreicht sein, es könnte also sehr rasch zu spät sein für die Umkehr. „Vor der Welt" zu sprechen, findet sie sehr wichtig, denn jede einzelne Stimme sollte gehört werden!

Einig sind sich alle diese Kämpferinnen, egal welchen Alters: Es braucht ein totales Umdenken im Wirtschaftssystem, die fragwürdigen Allianzen von Politik und Wirtschaft müssen ein Ende haben, jede und jeder Einzelne muss Verantwortung übernehmen.

1 Sibal, Nina (1987): Yatra: The ourney (London: The Women's Press).
2 Mies, Maria; Shiva, Vandana (1995): Ökofeminismus: Beiträge zur Praxis und Theorie (Zürich: Rotpunktverlag).
3 Kessler, Johann; Boulanger, Simon; für den ORF bearbeitet von Pedoth, Ines. Ausgestrahlt im ORF-WELTjournal am 12.11.2021.

Patriarchale Strukturen im Grünen Wachstum und Perspektiven

Iris Frey und Verena Wolf

Globale Umweltzerstörungen, die zu Klimakrise, Biodiversitäts-verlusten u.v.a.m. führen, sind Phänomene, die in der heutigen Welt patriarchalen Gesellschaftsstrukturen entspringen. In unse-rer Verwendung des Patriarchat-Begriffs orientieren wir uns an bell hooks, die es als politisch-soziales System begreift. Dieses Sys-tem beharrt darauf, „dass Männer von Natur aus dominant und allem überlegen sind, das als schwach gilt, insbesondere Frauen, und dass sie das Recht haben, über die Schwachen zu herrschen [...]".[1] Das „Schwache" wird im Patriarchat als Gegensatz zur Männ-lichkeit konstruiert und mit Frauen, queeren Menschen, Indige-nous, Black and People of Color und der Natur assoziiert. Wir fra-gen uns in unserem Beitrag, wie patriarchale Paradigmen und Denkmuster mit den aktuell dominanten Rufen nach Grünem Wachstum verwoben sind und zeigen Alternativen auf.

Männlichkeit beinhaltet sozialbiologistische Zuschreibungen von Eigenschaften wie Rationalität, Individualismus und Stärke. Sie ist in westlichen Gesellschaften kulturelle Norm und prägt das kapitalistische Wirtschaftssystem, das durch Ausbeutung, gren-zenloses Wachstum und Wettbewerb gekennzeichnet ist. Akteur:in-nen, die der maskulinen Norm entsprechen, können sich hier am besten durchsetzen. Wie kaum eine andere Krise fordert die Klima-krise die Logik des Immer-Weiter-Wachsens heraus.

Die aktuelle Politik macht aber weiter wie bisher, nur unter dem Mantel des „Grünen Wachstums": Dabei sollen Synergien zwischen Technologie und Innovation genutzt werden, um Emissionen trotz steigendem Output zu senken. Z. B. fördert Digitalisierung den Kon-sum nicht-materieller Güter, treibt aber die Energienachfrage weiter in die Höhe. Die Energiewende, die notwendig ist, kann dieser steigenden Nachfrage nicht gerecht werden, ohne in anderen Bereichen ökologische und menschenrechtliche Probleme zu verursachen. Grünes Wachstum ist also keine Lösung, sondern vielmehr eine Fortführung des Bezwingens und Gefügigmachens der Natur durch mensch-/manngemachte Technologien. Mithilfe dieser Technologien greifen wir immer stärker in unzugängliche Naturräume ein und intensivieren die Ausbeutung von Ressourcen und die Bewirtschaftung von Flächen, sodass Lebensräume für Mensch und Tier unbewohnbar werden. Es geht um Expansion und Dominanz, notfalls mit Gewalt.

Politisch selten diskutiert wird hingegen eine Begrenzung jener Aneignung und Expansion, von der vor allem die reichsten ein bis zehn Prozent der Weltbevölkerung profitieren. Im Gegenteil: Elon Musk oder Jeff Bezos dienen gerade vielen Jüngeren als Role Models für einen Lifestyle, den es zu erreichen lohnt. Auf Social Media folgen ihnen Millionen. Sie verkörpern das moderne männliche Ideal des „Pioniers", der neue Welten entdeckt. Mit milliardenschweren privaten Raumfahrtprogrammen und Satellitenprojekten nehmen sie das Weltall ein. Was die ökologischen Folgen solcher Unternehmungen und Lebensstile sind, versinkt neben der Pionierleistung in der Bedeutungslosigkeit. Die Klimakrise macht die brutalen Ausbeutungsverhältnisse zwischen Arm und Reich, zwischen der verkörperten Männlichkeit und dem „anderen", zwischen Nord und Süd sichtbar.

Orientierung an Sorge und Vorsorge

Je weiter wir die planetaren Grenzen überschreiten, desto mehr werden sich die Ungleichheiten zuspitzen. Um die Emissionen so weit zu reduzieren, dass wir das 1,5-Grad-Ziel noch erreichen, müssen wir dringend unsere gesellschaftlichen Normen hinterfragen und das Wirtschaftssystem umgestalten. Das kann nur gelingen, wenn wir uns von der bisherigen patriarchalen Logik der grenzenlosen Aneignung lösen und die Sorge füreinander und für die Natur ernst nehmen.

Doch wie soll das funktionieren? Antworten[2] darauf geben u. a. die feministische Ökonomie[3] und die Degrowth-Bewegung[4]. Diese fordern, wirtschaftliches Handeln an planetaren Grenzen und Grundbedürfnissen auszurichten. Vorschläge einer solidarischen und ökologischen Care-Ökonomie[5] oder einer vorsorgenden Wirtschaftsweise bieten Alternativen zum Grünen Wachstum. Sorge und/oder Vorsorge sollen als wichtigste gesellschaftliche Aufgabe wahrgenommen und vom biologistisch zugeschriebenen Geschlecht getrennt werden. Zum einen braucht es eine Verkürzung der Erwerbsarbeitszeit, sodass sich alle Menschen an Sorge-Tätigkeiten beteiligen können. Zum anderen soll bezahlte Sorgearbeit in tendenziell emissionsarmen Bereichen wie Pflege, Gesundheit, Bildung oder Erziehung besser entlohnt sowie Personal aufgestockt werden. Die monetäre Aufwertung der Sorgearbeit bedeutet auch eine Angleichung der Löhne in verschiedenen anderen Sektoren wie z. B. in der Industrie. Drittens sollen lebenswichtige Bereiche als Commons, also Gemeinschaftsgüter, gesellschaftlich bereitgestellt werden. Ein Beispiel hierfür sind solidarische Landwirtschaften, in denen die Verbraucher:innen direkt mit den Erzeuger:innen zusammenarbeiten. Auch Energiegenossenschaften, an denen die Gemeinde Anteile hält, stellen Energie als Commons für die Gemeinschaft bereit. Je nach Ausmaß der Mitarbeit werden Commons für die Mitglieder gegen eine kleine finanzielle Beteiligung zugänglich. Zentral an der Idee der Commons ist die demokratisch organisierte Versorgung. Innovativ an diesen Ansätzen ist, dass sie menschliche Grundbedürfnisse anerkennen und diese ins Zentrum stellen: Bildung, Gesundheit, Ernährung, Wohnen, Mobilität und vor allem auch Zeit. Durch den Fokus auf Sorge und Vorsorge werden auch immaterielle Aspekte wie Beziehungen und liebevoller und achtsamer Umgang miteinander anerkannt und wertgeschätzt. Damit verlassen diese Ansätze die Logik der patriarchalen Strukturen. Sie verstehen die Menschen nicht als kompetitive, rationale, starke und isoliert handelnde Individuen, sondern vielmehr als relationale Wesen, die in einem dichten Beziehungsgeflecht zueinander stehen. Gesunde Beziehungen beruhen auf Gegenseitigkeit, Kommunikation, Verständnis sowie dem Anerkennen der eigenen und der Grenzen des:der anderen. Das können wir uns auch für die Bewältigung der Klimakrise aneignen: Gemeinsam können wir nicht nur lernen, in Beziehung zu gehen, sondern auch die planetaren Grenzen zu respektieren.

1 hooks, bell (2022): Männer, Männlichkeit und Liebe. Der Wille zur Veränderung (München: Elisabeth Sandmann Verlag), 34.
2 Insbesondere indigenes Wissen und Critical Black Studies tragen ebenfalls zum Verständnis und zur Entwicklung von Perspektiven bei.
3 Bauhardt, Christine (2011): Gesellschaftliche Naturverhältnisse von der Materialität aus denken: feministische Ökonomik, Queer Ecologies und das Konzept Ressourcenpolitik. In: Gender – Zeitschrift für Geschlecht, Kultur und Gesellschaft 3(3), 89–103.
4 Barlow, Nathan; Regen, Livia; Cadiou, Noémie; Chertkovskaya, Ekaterina; Hollweg, Maximilian; Plank, Christina; Schulken, Merle; Wolf, Verena (2022): Degrowth & Strategy: How to bring about social-ecological transformation (Mayfly Books).
5 Winker, Gabriele (2021): Solidarische Care-Ökonomie. Revolutionäre Realpolitik für Care und Klima (Bielefeld: transcript).

Wir haben nur gemeinsam eine Chance
Mut, Humor und die Rolle junger Frauen in der Klimabewegung

Lena Schilling, „Lobau bleibt"-Sprecherin und Gründerin des Jugendrats, im Gespräch mit Ulrike Lunacek

Warum sind im Kampf gegen die Klimakatastrophe weltweit so viele junge Frauen aktiv?

Die Bewegung wurde von Beginn an von starken Frauen geführt, so ist ein solidarisches Klima entstanden, eines, in dem nicht Männer dominieren. Junge mutige Frauen machen mir auch Mut.

Wie wichtig ist Greta Thunberg für Sie?

Greta Thunberg hat gesagt: „Niemand ist zu klein, um diese Welt zu verändern" – und ich bin ja selber auch nicht besonders groß. Es braucht die kleinen und großen mutigen Menschen, die vorangehen und Dinge machen, die vorher undenkbar waren. Meine Vorbilder sind all die Menschen, mit denen ich kämpfe. Mut und Zuversicht wachsen aus dem Kollektiv, der Bewegung.

Wie vernetzt sind Sie weltweit? In einem Interview sagten Sie: „Revolution im Großen heißt immer Kampf im Kleinen."

Die internationale Vernetzung ist ein Grundstein des Erfolgs der Klimabewegung. Globale komplexe Krisen wie die Klimakrise können wir nur lösen, wenn wir die kleinen konkreten Kämpfe führen und gewinnen. Von Baustellenblockaden hier in Wien zu Kohlegruben- und Baumbesetzungen in Deutschland bis zu den Kämpfen der indigenen Völker im Amazonas.

Ich habe Juma, den ersten weiblichen Häuptling der Xipaya, getroffen. Selten hat mich eine Geschichte so bewegt wie ihr Einsatz um ihre Heimat. Wir saßen zusammen auf einem Podium und erzählten von unseren Erfahrungen, dann hat sie meine Hand genommen, als Zeichen, dass wir in all diesen Kämpfen zusammenstehen.

Was ist Ihre wichtigste strategische Überlegung?
Bündnisse schließen, das ist enorm wichtig. Die Klimakrise ist unsere größte Herausforderung. Wenn wir es da nicht schaffen, an konkreten Zielen gemeinsam zu arbeiten und Differenzen beiseite zu legen, haben wir keine Chance. Wir müssen einander und aneinander glauben, wenn wir gemeinsame politische Arbeit machen. Eigentlich ist es wie in jeder Beziehung: Wir müssen verzeihen, Kompromisse eingehen. Aber all das ist bereichernd, weil wir miteinander lernen können – und Schulter an Schulter stehen, wenn es darauf ankommt.

Warum engagieren Sie sich in der Initiative „Menschenrechte brauchen Gesetze" für ein Lieferkettengesetz?
In unserer globalisierten Welt müssen wir für unser Handeln Verantwortung übernehmen. Die Ausbeutung von Ressourcen und Menschen ist perfektioniert worden. Aber welche Moral rechtfertigt das? Die Art, wie wir produzieren, muss sich fundamental verändern – und dafür braucht es ein Gesetz, damit die Umwelt- und Arbeitsbedingungen transparent und kontrollierbar werden.

In Ihren Interviews dringt immer wieder Humor und Selbstironie durch.
Auf jeden Fall. Ich beschäftige mich so viel mit Leid, Krisen und der Angst vor einer ungewissen Zukunft, das ist ohne Humor schwer zu ertragen. Wichtig ist nur, dass wir nicht zynisch werden, nicht verbittern und nicht abstumpfen.

In Ihrem Buch „Radikale Wende" schreiben Sie, dass es auch um Demokratie geht – warum?

Die Klimakrise ist auch eine Demokratiekrise. Es fehlen unserer Gesellschaft die Hebel für langfristige Pläne und Maßnahmen. Das Vertrauen in die Politik schwindet, gerade bei den Jüngeren. Wir sind in dieser Krise, weil jahrzehntelang nicht das Notwendige, sondern das Profitable entschieden wurde. Bei Demos ist unser Slogan: Wir nehmen die Zukunft jetzt in unsere Hand – und das meinen wir auch so!

Pionierin in vielerlei Hinsicht
Eine Hommage an Sigrun Berger (1934–2021)
Gundi Dick und Rosa Zechner

Sigrun Berger, eine der Gründerinnen der Frauen*solidarität, war viele Jahre deren Obfrau und Ehrenvorsitzende. Sie hat von Anbeginn die entwicklungspolitische Arbeit und die internen Prozesse der Frauen*solidarität entscheidend geprägt.

1934 in Krems geboren, wuchs Sigrun mit ihren drei Geschwistern in einer Familie auf, in der Offenheit, Empathie und humanistische Werte vermittelt wurden. Diese heile Welt stand jedoch im Widerspruch zu den politischen Geschehnissen der Zeit. Sigrun beobachtete bereits als Kind das Elend, das der Zweite Weltkrieg hervorbrachte: „Soldaten, weinende Frauen, Gefangene und Kolonnen von KZ-Häftlingen, Ostarbeiter:innen, lange Züge von Geflüchteten."[1] Verängstigung, Unverständnis, Ungereimtheiten, nicht offen fragen können – im Nachhinein bezeichnete Sigrun diese Eindrücke als Anstoß, sich mit Rassismus und (Un-)Gerechtigkeit auseinanderzusetzen.

Eine Pionierin war Sigrun bereits früh. Sie erlernte das Kunsttischlereihandwerk im väterlichen Betrieb und besuchte die Fachschule für Bildhauerei in Hallstatt. Einige ihrer Werke sind noch heute öffentlich zu bewundern: die geschnitzten Teile der Empore der Orgel im Stephansdom oder der Fassboden des 1.000-Eimer-Fasses der Weinkellerei Lenz Moser in Krems-Rohrendorf. Bald nach ihrer Ausbildung folgten Heirat und die Geburt ihrer ersten Kinder. In der Aufbruchsstimmung der 1960er Jahre entstand zunehmend ihr Wunsch, „über das hinauszugehen, was ich kenne".

Diesen Wunsch setzte sie mit ihrem ersten Ehemann um, und die sechsköpfige Familie ging 1964 als eine der ersten „Entwicklungshelfer:innen" Österreichs nach Bolivien. Sigrun war „Mitreisende Ehefrau" (MEF), denn eigene Arbeitsverträge für Ehefrauen gab es in dieser Zeit noch nicht. Im feucht-heißen Tiefland von San Ignacio de Velasco brachte sie sich sehr aktiv ein und wurde von den Menschen in einer Weise aufgenommen, die sie, wie sie sagte, nachhaltig verändert hat. Die Lateinamerikaner:innen hätten sie gelehrt, um was sie sich fortan bemühte und nicht vergessen wollte: Menschen, denen sie begegnete, „das Gute zuzutrauen".

Dem Einsatz in Bolivien folgten vier Jahre in Chile. Hier wollte Sigrun mit ihrer Familie leben und am Aufbau einer demokratischen, sozialistischen Gesellschaft mitwirken. Sie arbeitete in Polikliniken, half beim Aufbau von Kindergärten und unterstützte Basisinitiativen wie die Landbesetzer:innen. Doch mit dem Putsch der Generäle und der Machtergreifung Pinochets am 11. September 1973 wurden diese Pläne zunichte gemacht. Sie und Herbert Berger, ihr späterer Ehemann, hatten nach dem Putsch Verfolgten Unterschlupf gewährt; sie entgingen nur knapp der Verhaftung und flüchteten in die Österreichische Botschaft.

Zurück in Österreich, fiel der Anfang schwer. Eine neue Existenz musste für die größer gewordene Familie aufgebaut werden. In den Folgejahren hat Sigrun die Chilesolidaritätsfront, Christen für Chile und das Hilfskomitee für Nicaragua mitbegründet und sich für die Aufnahme und in der Betreuung chilenischer Flüchtlinge engagiert.[2] Sie begann, sich auch kritisch mit entwicklungspolitischen Themen auseinanderzusetzen. Als MEF und aufgrund ihrer Erfahrung mit Entwicklungshilfeprojekten, wie es damals noch hieß, waren ihr die patriarchalen und sexistischen Strukturen bewusst: „Meine Erfahrung war, dass die meisten Projekte Männern oder Buben zugutekamen. Das habe ich als sehr ungerecht empfunden. Die Frauen haben so viel Verantwortung und Arbeit. Sie kämpfen auch um ihre Rechte, aber sie werden zu wenig unterstützt."

Sigrun wollte ihre Erfahrungen umsetzen. Anfang der 1980er Jahre war sie damit nicht allein. Im Zuge der zwei UNO-Weltfrauenkonferenzen (1975 in Mexiko und 1980 in Kopenhagen) hatten sich Frauen international vernetzt; die autonome Frauenbewegung in Österreich konnte erste politische Erfolge verbuchen; rund um Johanna Dohnal, ab 1979 erste österreichische Staatssekretärin für Frauenfragen, fanden sich an Entwicklungs- und Friedenspolitik interessierte SPÖ-Feministinnen zusammen; MEFs, die von ihren Einsätzen zurückgekehrt waren, wollten sich in Österreich ebenso engagieren. Aus diesen unterschiedlichen Zusammenhängen kommend, schloss sich rund ein Dutzend Frauen zusammen und gründete 1982 die Frauen*solidarität: Die Situation von Frauen in der „Dritten Welt", internationale Solidarität unter Frauen, globale Schwesternschaft, gleichzeitig die Debatte über die „Dritte Welt" in der „Ersten", also Migrantinnen und deren Lebenssituation in Österreich, beschäftigten die Aktivistinnen der ersten Stunde – auch in hitzigen Debatten. Sigrun war innerhalb dieser Gruppe die Verbindende, Nährende und Beharrliche. Eine Rolle, die sie in der mittlerweile 40-jährigen Geschichte der Frauen*solidarität häufig einnahm. Sie brachte auch immer wieder die Lebensrealitäten von Frauen ein, v. a. jener, die ökonomisch arm waren, und plädierte dafür, von Frauen aus dem Globalen Süden zu lernen und sie, ihre Kämpfe und ihre Initiativen konkret zu unterstützen. Ihr Interesse nicht nur an den organisationsinternen, sondern auch an den (geo) politischen Entwicklungen war bis zuletzt groß. Sie wird den zwei mittlerweile nachfolgenden Generationen der Frauen*solidarität, wie vielen anderen, mit ihrer herzlichen Zugewandtheit und unbedingten Solidarität in Erinnerung bleiben.

1 Dieses und alle weiteren Zitate stammen aus Gesprächen mit Sigrun Berger.
2 Ein Resultat dieses jahrelangen Engagements ist das folgende Buch: Berger, Sigrun; Berger, Herbert (Hrsg.) (2002): Zerstörte Hoffnung, gerettetes Leben: Chilenische Flüchtlinge und Österreich (Wien: Mandelbaum).

Über die Autor:innen

Kadriye Acar, Jg. 1968, seit über 30 Jahren Fernseh- und Hörfunkjournalistin in Köln; kommt mit knapp vier Jahren zusammen mit ihren Eltern aus Mittelanatolien nach Deutschland; studiert später Politik, Germanistik und Islamwissenschaften in Köln; unterrichtet außerdem Politik und Deutsch an Schulen.

Yvonne Adhiambo Owuor, Jg. 1968, kenianische Schriftstellerin, lebt in Nairobi; ihre beiden Romane sind bei DuMont auf Deutsch erschienen: „Der Ort, an dem die Reise endet" (2016), „Das Meer der Libellen" (2020); 2003 erhielt sie den Caine Prize for African Writing, 2015 den Jomo Kenyatta Prize for Literature.

Gloria E. Anzaldúa (1942–2004) bezeichnete sich als „Chicana, tejana, aus der Arbeiterklasse, Dyke-feministische Dichterin, Autorin-Theoretikerin"; ihr Werk bildet eine wichtige Grundlage für die Entwicklung dekolonialer Feminismen, intersektionaler Queer Theory und indigener Wissensproduktion; als eine der wichtigsten Vertreter:innen der Chicana-Bewegung hat sie auch die Chicana-Literatur mitbegründet.

Cânân Arın, Jg. 1942, feministische Aktivistin und Rechtsanwältin in Istanbul; Aufdeckung und Anklage von Gewalttaten gegen Frauen; 1980 Initiatorin einer Frauenrechtsbewegung und 1990 Initiatorin der ersten Frauenhausstiftung in der Türkei; zahlreiche Preise, u. a. 2020 Anne-Klein-Frauenpreis der Heinrich-Böll-Stiftung.

Marwa Azelmat, IT-Ingenieurin, Expertin für Digitale Rechte bei RNW-Media; thematischer Schwerpunkt auf geschlechtsspezifischer Online-Desinformation und -Gewalt; Erwähnung als bedeutende junge afrikanische Aktivistin für SDG 16 aus Anlass des Gedenkens an 20 Jahre UN-Sicherheitsratsresolution 1325 durch die UN-African Union.

Shikiba Babori, Ethnologin und freie Journalistin in Köln; Afghanistan-Korrespondentin Afghanistan-Korrespondentin für die ARD (Arbeitsgemeinschaft der Rundfunkanstalten Deutschlands), Gründerin des Journalist_innen-Netzwerks Kalima-News, Dozentin an der DW Akademie; Fokus auf Regionen des Globalen Südens sowie auf Frauen- und Migrationspolitik; jüngstes Buch: „Die Afghaninnen: Spielball der Politik" (Campus Verlag 2022).

Alejandra Ballón Gutiérrez, Jg. 1975, bildende Künstlerin, feministische Aktivistin, Sozialanthropologin in Peru; Doktorandin an der École des Hautes Études en Sciences Sociales (EHESS), Paris; sie verbindet Geschlechter- mit dekolonialer Perspektive, ihre Arbeiten finden sich in Museen und in akademischen Büchern.

Mirra Banchón, Jg. 1965, lebt in Brüssel; Studium der Literaturwissenschaft an der Pontificia Universidad Católica in Quito und der Sprachwissenschaft in Köln; Autorin und Journalistin mit Lateinamerika-Schwerpunkt; freiberufliche Mitarbeiterin von Deutsche Welle und anderen Medien.

Yolanda Becerra Vega, Jg. 1959, Studium der Soziologie; feministische Menschenrechts- und Friedensaktivistin in Kolumbien; seit 1988 Leiterin der kolumbianischen Frauenvolksorganisation Organización Femenina Popular (OFP); u. a. Friedensnobelpreis-Nominierung 2005 im Rahmen des 1000 PeaceWomen Proposals; Per Anger Award 2007 (Schweden), Ginetta Sagan Award 2011 (Amnesty International).

Gloria Careaga Pérez, Jg. 1947, Professorin für Sozialpsychologie an der Autonomen Universität von Mexiko (UNAM); 1991 Mitbegründerin der feministisch-lesbischen Organisation Closet de Sor Juana; seit 2010 Generalkoordinatorin der Fundación Arcoíris für die Anerkennung der sexuellen Diversität in Mexiko-Stadt.

Adriana I. Churampi Ramírez, Jg. 1965, Peruanerin; Professorin für lateinamerikanische Literatur an der Universität Leiden, Niederlande; Forschungsschwerpunkte sind die Analyse indigener Identitätskonstruktionen in den Anden sowie die Genese urbaner indigener Gemein- und Nachbarschaften und deren Einfluss auf die Populärkultur andiner Länder.

Gundi Dick, Jg. 1956, studierte Politikwissenschaft in Wien und promovierte 1992 mit einer Forschungsarbeit zur österreichischen autonomen Frauenbewegung; sie ist seit Jahrzehnten in der Frauen- und Entwicklungspolitik aktiv, arbeitete von 1992 bis 2000 in der Frauen*solidarität sowie von 2016 bis 2018 in Georgien.

Luisa Dietrich Ortega, Jg. 1978, Gender Consultant; Studium der Politikwissenschaft und Gender Studies in Wien; Dissertation über die Konstruktion politisierter Weiblichkeiten in Guerrilla-Gruppierungen (2017); thematischer Fokus auf Geschlechtergerechtigkeit in humanitären Krisen und Konfliktkontexten; stellvertretende Obfrau der Frauen*solidarität.

Đinh Thị Mỹ Anh (kein Pronomen), Jg. 1996, geboren in Norddeutschland und Teil der asiatischen Diaspora; derzeit Studium der Gender Studies und der Internationalen Entwicklung in Wien; Thị Mỹ Anh findet in Gedichten Raum und Energie für Emotionales und Unsichtbares.

Rosa Euler-Rolle, Jg. 1948, lebt in Wien; Redakteurin der Zeitschrift CulturaLatina/Österreichische Kultur; 1983–2009 Mitarbeiterin von Radio Austria International des österreichischen öffentlich-rechtlichen Rundfunks (ORF); Reportagen für ORF-TV zu Spanien und Lateinamerika; Österreich-Korrespondentin von Radio Nederland, TV3/Barcelona u. a.

Iris Frey, Jg. 1989, studierte Kultur- und Sozialanthropologie sowie Socio-Ecological Economics in Wien; arbeitet seit 2019 als Campaignerin bei attac Österreich zu Handelspolitik und sozial-ökologischer Transformation; engagiert sich u. a. bei Degrowth Vienna und in der Klimagerechtigkeitsbewegung.

Verónica Gago, Jg. 1976, Soziologin, Professorin an der Universität Buenos Aires und der Nationalen Universität San Martín in Argentinien, unabhängige Forscherin der staatlichen Forschungsagentur CONICET; Mitbegründerin des Forschungskollektivs Colectivo Situaciones und derzeit Teil des feministischen Kollektivs NiUna-Menos; u. a. Herausgeberin von „Feminist International: How to change everything" (Verso 2020).

Hanna Hacker, Universität Wien, freie Wissenschaftlerin, habilitierte Soziologin und Historikerin mit Arbeitsschwerpunkten in den Postcolonial Cultural Studies in feministischer und queerer Perspektive; von 2009 bis 2013 Vorstandsmitglied der Frauen*solidarität.

Aissa Halidou, Jg. 1976, Gesundheits-, Politik-, Wirtschafts- und Sozialwissenschaftlerin, spezialisiert auf internationale Beziehungen und Politik; 2013–2018 Botschaftssprecherin der Republik Niger in Berlin, Gastdozentin an der HAW Hamburg, 2020/21 Gastprofessur an der Sciences Po, Paris, 2022 Gastprofessur an der Universität Johannesburg.

Wendy Harcourt, feministische Ökonomin, Professorin für Gender, Diversity and Sustainable Development an der Erasmus-Universität Rotterdam; zahlreiche Publikationen zu postkolonialer Entwicklung, Nachhaltigkeit, Feminismus und Körperpolitik; zuletzt erschien „Feminist Methodologies: Experiments, Collaborations and Reflections" (Springer 2022).

Naila Kabeer, feministische Ökonomin, Professorin für Gender und internationale Entwicklung an der London School of Economics and Political Science; Forschungsschwerpunkte sind die Intersektion von Gender und Armut, soziale Ungleichheit, Arbeitsmarkt und nationale (Nicht-)Zugehörigkeit sowie der Kampf für soziale Rechte mit regionalem Fokus auf Süd- und Südostasien.

Gaby Küppers, Jg. 1957, promovierte Lateinamerikanistin; seit 1985 Redaktionsmitglied des Lateinamerikamagazins ila (Bonn); 1988–1990 wissenschaftliche Mitarbeiterin der Grünen im Deutschen Bundestag; 1992–2020 Referentin für Internationalen Handel und für Lateinamerika der Grünen/EFA im Europäischen Parlament, Brüssel.

Marianne Lämmel, Jg. 1988, Kommunikationsexpertin in Wien; Studium der Publizistik sowie der Internationalen Kommunikation und Entwicklung; seit 2021 Kommunikationsleiterin der europäischen Verkehrskampagne einer internationalen Umweltorganisation; davor langjährige Pressesprecherin bei verschiedenen Menschenrechtsorganisationen.

Astrid Lipinsky, Jg. 1965, Sinologin an der Universität Wien und Leiterin des Wiener Zentrums für Taiwanstudien; sie war langjährige Autorin bei der Zeitschrift Menschenrechte für die Frau (Terre des Femmes) und schreibt regelmäßig für die frauen*solidarität; sinojus-feminae.eu/

Margit Maximilian, Jg. 1958, Wienerin, ORF-Journalistin und Autorin, Redakteurin im Außenpolitik-Ressort von „Zeit im Bild"; Spezialisierung auf Subsahara-Afrika; seit 2020 freie Afrika-Korrespondentin; Gründungsmitglied von Reporter ohne Grenzen Österreich; von ihr erschienen u. a. „Schrecklich schönes Afrika" (K&S 2011) und „Woza Sisi – Die mutigen Frauen Afrikas" (K&S 2016).

Emily Ngubia Kessé, Jg. 1981, Neurowissenschaftlerin und Geschlechterforscherin in Berlin; inhaltlicher Fokus auf (Re-)Produktion von Machtverhältnissen durch/in der Wissenschaft, Rassismus sowie Auswirkungen kolonialer Strukturen auf das Bildungssystem in Deutschland; zahlreiche Vorträge und Publikationen.

Ewa Palenga-Möllenbeck, Jg. 1976, Soziologin, lehrt und forscht an der Goethe-Universität Frankfurt am Main; ihre Arbeitsschwerpunkte sind Migration, Transnationalismus, Geschlechterforschung sowie Domestic and Care Work mit regionalem Fokus auf Osteuropa.

Lucía Pérez Fragoso, Jg. 1954, Beraterin für Feministische Ökonomie, Expertin zur Ausgaben- und Steuerpolitik; Doktorat in Wirtschaftswissenschaften an der UNAM; publizierte 2020 „Un Diagnóstico de los Servicios Públicos de Cuidado en México: Análisis Demográfico, Presupuestal y Legislativo" (Instituto Belisario Domínguez, Mexiko).

Shalini Randería, Sozialanthropologin; seit 2021 Rektorin der Central European University Vienna; Excellence-Professorin an der Universität Bremen; Distinguished Fellow an der Munk School der University of Toronto; Forschungsschwerpunkte sind Transnationalisierung des Rechts, Wandel von Staatlichkeit in Indien und Globalisierung aus postkolonialer Sicht.

Joana Adesuwa Reiterer, geboren in Nigeria, seit 2003 Sozialunternehmerin in Österreich; leidenschaftliche Aktivistin für das Empowerment von Klein- und Mittelbetrieben; Gründerin der Joadre-Wirtschafts- und Medienplattform sowie der Joadre-App, zahlreiche Auszeichnungen und Nominierungen.

Julieta Rudich, Jg. 1962, lebt in Wien und Montevideo, Uruguay; Dokumentarfilmautorin, Journalistin, Produzentin; 1986–2022 TV-Reporterin ORF-WELTjournal; 1996–2014 Österreich-Korrespondentin für die spanische Tageszeitung El País; zahlreiche Auszeichnungen für ihre Dokumentarfilme, u. a. 1996 für „The Mystery of El Rocío", 2015 für „Der Kampf der Roma".

Emperatriz Santander, Jg. 1952, nach ihrem Exil in Österreich 1984–1991 lebt sie seit 2000 wieder in Kolumbien und betreibt eine kleine Finca; 1987–1999 Frauenprojekt Río San Juan in Nicaragua (Frauen*solidarität/Volkshilfe); „Bauer zu Bauer"-Programm (Horizont3000/DKA); Agronomie-Studium an der Universidad Nacional Agraria, Managua.

Rocío Silva Santisteban, Jg. 1963, Aktivistin, Feministin, Schriftstellerin in Lima, Peru; Doktorat in Literatur (Boston University); Rechts- und Politikwissenschaftlerin; Beraterin für Gender und ökologisch-territoriale Konflikte; Universitätsprofessorin; 2011–2015 Direktorin der Koordinierungsstelle für Menschenrechte; 2020/21 Kongressabgeordnete.

Nadia Shehadeh, Jg. 1980, Soziologin und Autorin; Kolumnistin für das Missy Magazine und nd.aktuell; freie Autorin u. a. für taz und DLF; Themenschwerpunkte sind Feminismus, Rassismus, Popkultur.

Marcela Torres Heredia, Jg. 1988, geboren in Bogotá, Kolumbien; Sozialanthropologin, Aktivistin und Dissertantin am Institut für Sozial- und Kulturanthropologie der Universität Wien mit den Forschungsschwerpunkten Dekolonialität, Feminismus, soziale Ungleichheit und Intersektionalität.

Christa Wichterich, feministische Soziologin und Scholar Activist mit einem publizistischen, einem wissenschaftlichen und einem aktivistischen Profil; sie war Gastprofessorin für Genderpolitik in Kassel, Wien und Basel; Arbeitsschwerpunkte Globalisierung und Gender, feministische politische Ökonomie und Ökologie, Care-Arbeit und Reproduktion.

Charlotte Wiedemann, Jg. 1954, Auslandsreporterin und Buchautorin; Reportagen über Gesellschaften Asiens und Afrikas; zahlreiche Bücher, zuletzt „Der lange Abschied von der weißen Dominanz" (dtv 2019) und „Den Schmerz der Anderen begreifen: Holocaust und Weltgedächtnis" (Propyläen 2022).

Verena Wolf, Jg. 1991, Volkswirtschaftsstudium in Köln, Socio-Ecological Economics-Studium in Wien; seit 2021 wissenschaftliche Mitarbeiterin des Sonderforschungsbereichs 294 „Strukturwandel des Eigentums" an der Friedrich-Schiller-Universität Jena; promoviert zu Klimawandel, globaler Ungleichheit und Eigentumsstrukturen.

Vina Yun, Jg. 1974, freie Journalistin, (Comic-)Autorin und Öffentlichkeitsarbeiterin in Wien; sie schreibt über Feminismus/Queer, Postmigration, Arbeit, Medien- und Popkultur; 2017 erschien ihr Comic „Homestories" über die Arbeitsmigration koreanischer Krankenschwestern nach Österreich und das Aufwachsen der „Zweiten Generation" in Wien; Twitter: @sailorkimchi

Weina Zhao, geboren in Peking, aufgewachsen in Wien; Autorin und Regisseurin; mehrfach ausgezeichnet u.a. für die Arbeit an dem Dokumentarfilm „Weiyena - Ein Heimatfilm" (2020), Mitbegründerin der Zeitschrift Perilla Zine und der Filmproduktionsfirma Electric Shadows Laufbilderzeugungsanstalt; Studium der Sinologie.

Über die Herausgeberinnen

Andrea Ernst, Publizistin, Dramaturgin, Regisseurin mit den Schwerpunkten Internationale Entwicklung, Sozial- und Gesundheitspolitik; langjährige Redakteurin für den WDR, die ARD und ARTE, im Auftrag des Westdeutschen Rundfunks in Köln; verantwortete redaktionell eine lange Reihe internationaler (Kino-) Dokumentarfilme, lebt in Hamburg und Wien.

Ulrike Lunacek, Jg. 1957, Autorin und Moderatorin in Wien; ausgebildete Dolmetscherin (Englisch/Spanisch); seit 1984 Mitarbeiterin, seit 1995 Obfrau der Frauen*solidarität; langjährige Bundes- und Europapolitikerin der österreichischen Grünen mit Schwerpunkt Europa-, Außen- und Entwicklungspolitik sowie Menschenrechte (besonders Frauen, LGBTI).

Gerda Neyer, Politikwissenschaftlerin und Demografin; Vorstandsmitglied der Frauen*solidarität; forschte/lehrte zu Sozial-/Geschlechterpolitik/Fertilität an der Österreichischen Akademie der Wissenschaften, am Max-Planck-Institut für Demografische Forschung in Rostock und an den Universitäten Stockholm, Stanford und Wien.

Rosa Zechner, Jg. 1959, Historikerin und Bibliothekarin; seit 1993 Mitarbeiterin der Frauen*solidarität, Aufbau der Bibliothek, bis 2019 für die Bibliothek verantwortlich; ebenso Mitarbeiterin der Frauenbildungsstätte Frauenhetz und in weiteren feministischen Zusammenhängen engagiert.

Andreea Zelinka, Jg. 1990, Studium der Theater-, Film- und Medienwissenschaft sowie der Kultur- und Sozialanthropologie in Wien und Barcelona; Redakteurin der frauen*solidarität; Mitarbeiterin im Roten Antiquariat Wien, Referentin für Öffentlichkeitsarbeit der Hunger.Macht.Profite-Filmtage, Podcast- und Radiomacherin.

Feministisches bei Kremayr & Scheriau

Elfriede Hammerl
Das muss gesagt werden

Kolumnen
€ (D/AT) 22,-
ISBN 978-3-218-01235-5

Stilistisch brillant und treffsicher, in der Haltung unbestechlich. Ob Familienpolitik, Migrationsfragen, Verteilungsgerechtigkeit, Intoleranz oder das Altern – Elfriede Hammerl spannt thematisch große Bögen, stets flankiert von einem ihrer wiederkehrenden Anliegen: den unterschiedlichsten Lebenssituationen von Frauen Gehör zu verschaffen. So wird in ihren Kolumnen das Politische privat und das Private politisch; sie spiegeln gesellschaftliche Veränderungen, soziale Sackgassen und schwer aufzubrechende Haltungen wider. Eine Sammlung an herausragenden Texten, die kritisch und kämpferisch die Grundstimmung einer Dekade einfangen.

Impressum

ISBN 978-3-218-01361-1

Schutzumschlaggestaltung, typografische Gestaltung und Satz:
Christine Fischer, unter Verwendung einer Illustration von
Alexandra Dzh/shutterstock

Fotos, falls nicht anders angegeben: Archiv Frauen*Solidarität
Lektorat: Evelyn Bubich
Druck und Bindung: Druckerei Florjančič, Maribor

Mit freundlicher Unterstützung der Kulturabteilung der Stadt Wien